上古音手册

（增訂本）

唐作藩 編著

中華書局

圖書在版編目(CIP)數據

上古音手册/唐作藩編著.—增訂本.—北京:中華書局,2013.7(2025.6重印)
ISBN 978-7-101-08783-3

Ⅰ.上…　Ⅱ.唐…　Ⅲ.漢語-上古音-手册
Ⅳ.H111-62

中國版本圖書館 CIP 數據核字(2012)第144200號

書　　名　上古音手册(增訂本)
編 著 者　唐作藩
特約編輯　秦淑華
責任編輯　張　可
封面設計　劉　麗
責任印製　陳麗娜
出版發行　中華書局
　　　　　(北京市豐臺區太平橋西里38號　100073)
　　　　　http://www.zhbc.com.cn
　　　　　E-mail:zhbc@zhbc.com.cn
印　　刷　北京新華印刷有限公司
版　　次　2013年7月第1版
　　　　　2025年6月第8次印刷
規　　格　開本/850×1168毫米　1/32
　　　　　印張9½　插頁2　字數150千字
印　　數　11301-12100册
國際書號　ISBN 978-7-101-08783-3
定　　價　58.00元

目　録

序 …… 1

例　言 …… 1

A …… 1

B …… 4

C …… 14

D …… 31

E …… 39

F …… 41

G …… 48

H …… 55

J …… 64

K …… 82

序

2010 年初冬的一天,在藍旗營 6 號樓東側小竹林道上,巧遇本樓鄰居李零教授。他突然問我:“您的那本《上古音手册》有没有再版重印?我手頭的一本都給翻爛了!”這令我想起上世紀 80 年代中,秦似先生也曾對我説過類似的話。他當時在研究同源字族,其成果連載在其主編的《語文園地》上。

這本小書的内容是我在上世紀 60 年代初講授《漢語史》課時就開始醖釀的,“文革”中閑着没事就着手編寫,直到 70 年代末完成初稿。小書的體例曾請教王力先生,并得到他的首肯。1981 年定稿後,經魯國堯教授介紹,并蒙徐復先生推薦,交由江蘇人民出版社出版。由于僻字、難字較多,當時的技術條件難以排版,電腦打字尚未推行,由責編繆咏禾編審延請著名書法家陳慎之先生正楷書寫，于 1982 年 9 月出版，第一版印了 18000 册。給了我一點稿酬，并未簽訂任何合同。雖然不久後坊間難以買到，但出版社也并未提出再次印刷或再版之事。此後雖然也常有朋友來信詢問，但本人當時由于教學、科研任務較重，也未考慮再版重印問題。

李零教授垂詢再次提醒我這本小册子尚有一點用處。正巧 2010 年 12 月下旬的一天，中華書局顧青副總編和秦淑華编審屈尊舍下祝賀新年，寒暄中隨意提及這本小書，淑華编審即提出爲我出版修訂本。過了新年又簽訂了正式出版合同，我原以爲稍做補訂，花不了多少時間，于是約定 4 月底交稿。不料校訂工作非常費時。我藉助《王力古漢語字典》，對原《手册》所收八千來字一個個進行查對，字典釋義的字體都很小，而我的老年白内障越來越嚴重，看一會兒眼睛就模糊起來，不得不停下來按摩一下眼圈，工作進度甚慢，直到 7 月底才完成。共增補了兩千多字，所以改稱增訂本。請廣大讀者指正。

唐作藩

2011 年 8 月 14 日于藍旗營寓所

在我進行校改、增訂工作的同時,漢語史 2010 級研究生馮龍同學幫助我做了認真的校對,並提出一些好的建議。特此致謝。我還要特別感謝秦淑華編審。她非常细致地審訂了手册稿,提了不少寶貴意見,發排時親自利用電腦打字排版,又重新編制檢字索引表,令我不勝感激之至。

唐作藩

2013 年 2 月 16 日補記

例　言

1. 本手册是從今音查對上古音，以供古漢語、古文字和中國古代歷史、文化研究的參考。

2. 本手册共收約一萬字，先按今音排列，然後注明上古音的韵部、聲紐和聲調。今音即現代普通話的語音系統，也就是北京話的語音系統。上古音指以《詩經》音爲代表的周秦兩漢時期的漢語語音系統。

3. 今音依漢語拼音字母的次序排列。聲母、韵母、聲調完全相同的字列在同一音的下面，再按上古音的异同分條。上古音的韵部、聲紐、聲調完全相同的列爲一條，不相同的分開排列。上古音先注韵部，次標聲紐，最後是聲調，前邊用破折號表示，例如：

bào　抱鮑　　　　——幽・並・上

報 ——幽·幫·去

暴瀑爆虣 ——藥·並·長入

豹爆 ——藥·幫·入

bào是今音,“抱鮑報暴瀑虣豹爆”等字今音都讀bào,但它們的上古音來源不同,故分别排列。破折號後“幽”指上古韻幽部,“並”指上古聲紐並母,“上”表示在上古聲調屬上聲。下同。

4. 本手册所據的上古韻部,是王力先生主編的《古代漢語》所分的十一類三十部。這就是(用國際音標注出主元音和韻尾):

(一)1. 之部 ə	2. 職部 ək	3. 蒸部 əŋ
(二)4. 幽部 u	5. 覺部 uk	6. 冬部 uŋ
(三)7. 宵部 o	8. 藥部 ok	
(四)9. 侯部 ɔ	10. 屋部 ɔk	11. 東部 ɔŋ
(五)12. 魚部 a	13. 鐸部 ak	14. 陽部 aŋ
(六)15. 支部 e	16. 錫部 ek	17. 耕部 eŋ
(七)18. 歌部 ai	19. 月部 at	20. 元部 an
(八)21. 脂部 ei	22. 質部 et	23. 真部 en
(九)24. 微部 əi	25. 物部 ət	26. 文部 ən

（十）　　27. 緝部 əp　　28. 侵部 əm

（十一）　　29. 葉部 ap　　30. 談部 am

上古韵的分部，經過明末清初以來古音學家的研究，已獲得基本上公認的結論。但是一些具體字的歸部問題仍然存在着分歧，本手册有選擇地采取諸家的主張，而不全用一家之言，于分歧較大者則加脚注説明一下，如“碧”字本手册歸鐸部，注明“有的古音學家歸錫部”。又如“危”字本手册歸微部，注明“有的古音學家歸支部或歌部”。爲了便于讀者查對，我們將顧炎武、江永、戴震、段玉裁、孔廣森、王念孫、江有誥、朱駿聲、章炳麟、黄侃和王力等十一家的古韵分部加以比較，制成异同表附在下面（4、5 頁）。

5. 關於上古音的聲母，自錢大昕提出“古無輕唇音”和“古無舌上音”之後，經過章炳麟、黄侃、曾運乾、周祖謨以及瑞典漢學家高本漢（B. Karlgren）等人研究，取得了一些重要的成果，例如“娘日二母歸泥、照$_{二}$組歸精組、喻$_{三}$歸匣、喻$_{四}$歸定、照$_{三}$組又分正齒與舌音二類”等，但是至今尚無一個公認的古聲母系統的結論。本手册根據前人的研究成果，暫定爲三十二紐。用傳統的三十六字母來表示，這就是（6 頁）：

附：十一家古韵分部异同表（一）

王力（三十部）	之部	職部	幽部	覺部	宵部	藥部	侯部	屋部	魚部	鐸部	支部	錫部	脂部	微部	物部	質部	月部
黄侃（廿八部）	哈部	德部	蕭部		豪部	沃部	侯部	屋部	模部	鐸部	齊部	錫部	灰部		没部	屑部	曷末部
章炳麟（廿三部）	之部		幽部		宵部		侯部		魚部		支部		脂部	隊部		至部	泰部
朱駿聲（十八部）	頤部		孚部		小部		需部		豫部		解部		履部				泰部
江有誥（廿一部）	之部		幽部		宵部		侯部		魚部		支部		脂部				祭部
王念孫（廿一部）	之部		幽部		宵部		侯部		魚部		支部		脂部			至部	祭部
孔廣森（十八部）	之類		幽類		宵類		侯類		魚類		支類		脂類				
段玉裁（十七部）	第一部		第三部		第二部		第四部	（第三部）	第五部		第十六部		第十五部			（第十二部）	（第十五部）
戴震（廿五部）	噫部	億部	謳部	屋部	夭部	約部	謳部）	屋部）	烏部	堊部	娃部	戹部	衣部		乙部	衣部	靄部 遏部
江永（十三部）	第二部	入聲六部	第十一部	入聲一部	第六部	入聲四部	（第十一部）	（入聲一部）	第三部	（入聲四部）	第二部	入聲五部	第二部		入聲二部	第二部	入聲三部
顧炎武（十部）	第二部		第五部				第三部				第二部						

十一家古韵分部异同表（二）

<table>
<tr><td>王　力（三十部）</td><td>歌部</td><td>元部</td><td>真部</td><td>文部</td><td>陽部</td><td>耕部</td><td>蒸部</td><td>東部</td><td>冬部</td><td>侵部</td><td>緝部</td><td>談部</td><td>葉部</td></tr>
<tr><td>黄　侃（廿八部）</td><td>歌戈部</td><td>寒桓部</td><td>先部</td><td>痕魂部</td><td>唐部</td><td>青部</td><td>登部</td><td>東部</td><td>冬部</td><td>覃部</td><td>合部</td><td>添部</td><td>帖部</td></tr>
<tr><td>章炳麟（廿三部）</td><td>歌部</td><td>寒部</td><td>真部</td><td>諄部</td><td>陽部</td><td>青部</td><td>蒸部</td><td>東部</td><td>冬部</td><td>侵部</td><td>緝部</td><td>談部</td><td>盍部</td></tr>
<tr><td>朱駿聲（十八部）</td><td>隨部</td><td>乾部</td><td>坤部</td><td>屯部</td><td>壯部</td><td>鼎部</td><td>升部</td><td colspan="2">豐部</td><td colspan="2">臨部</td><td colspan="2">謙部</td></tr>
<tr><td>江有誥（廿一部）</td><td>歌部</td><td>元部</td><td>真部</td><td>文部</td><td>陽部</td><td>耕部</td><td>蒸部</td><td>東部</td><td>中部</td><td>侵部</td><td>緝部</td><td>談部</td><td>葉部</td></tr>
<tr><td>王念孫（廿一部）</td><td>歌部</td><td>元部</td><td>真部</td><td>諄部</td><td>陽部</td><td>耕部</td><td>蒸部</td><td colspan="2">東部</td><td>侵部</td><td>緝部</td><td>談部</td><td>盍部</td></tr>
<tr><td>孔廣森（十八部）</td><td>歌類</td><td>原類</td><td colspan="2">辰類</td><td>陽類</td><td>丁類</td><td>蒸類</td><td>東類</td><td>冬類</td><td>侵類</td><td>（合類）</td><td>談類</td><td>合類</td></tr>
<tr><td>段玉裁（十七部）</td><td>第十七部</td><td>第十四部</td><td>第十三部</td><td>第十二部</td><td>第十部</td><td>第十一部</td><td>第六部</td><td colspan="2">第九部</td><td colspan="2">第七部</td><td colspan="2">第八部</td></tr>
<tr><td>戴　震（廿五部）</td><td>阿部</td><td>安部</td><td colspan="2">殷部</td><td>央部</td><td>嬰部</td><td>膺部</td><td colspan="2">翁部</td><td>音部</td><td>邑部</td><td>醃部</td><td>諜部</td></tr>
<tr><td>江　永（十三部）</td><td>第七部</td><td>第五部</td><td colspan="2">第四部</td><td>第八部</td><td>第九部</td><td>第十部</td><td colspan="2">第一部</td><td>第十二部</td><td>入聲七部</td><td>第十三部</td><td>入聲八部</td></tr>
<tr><td>顧炎武（十部）</td><td>第六部</td><td colspan="3">第四部</td><td>第七部</td><td>第八部</td><td>第九部</td><td colspan="2">第一部</td><td colspan="4">第十部</td></tr>
</table>

脣音	幫(非)	滂(敷)	並(奉)	明(微)		
舌音	端(知)	透(徹)	喻〔喻$_{\text{四}}$〕	定(澄)	泥(娘)	來
	章〔照$_{\text{三}}$〕	昌〔穿$_{\text{三}}$〕	船〔床$_{\text{三}}$〕	書〔審$_{\text{三}}$〕	禪	日
齒音	精	清	從	心	邪	
	莊〔照$_{\text{二}}$〕	初〔穿$_{\text{二}}$〕	崇〔床$_{\text{二}}$〕	生〔審$_{\text{二}}$〕		
牙音	見	溪	群	疑		
喉音	曉	匣(喻$_{\text{三}}$)	影			

( )表示包括;〔〕表示相當。

6. 上古音的聲調問題亦無定論,顧炎武有四聲一貫説;段玉裁主張古無去聲;孔廣森則認爲古無入聲;而黄侃又主張上古無上、去,衹有平、入二聲;王力先生則認爲上古平、入二調又各包括長、短兩類,平聲的長調中古仍讀平聲,平聲的短調中古變爲上聲(一部分變爲去聲),入聲的長調中古變爲去聲,入聲的短調中古仍讀入聲。

本手册基本上采取王念孫和江有誥的主張,認爲上古也有平、上、去、入四個聲調,衹是上古四聲的屬字與後代不完全相同。我們還贊同王力先生的意見:中古許多去聲字在上古屬入聲,即上古的入聲分長入和短入。所以我們主張上古有平、上、去、長入、短入(簡稱"入")五類聲調。但不同于王國維先生所主張的陰平、陽平、上、去、入五調。關于具體字調的歸類問題，本手册主要參考了江有誥的《唐韵四聲正》和王力先生的《古無去聲例證》以及周祖謨先生的《古音有無上去二聲辨》。

7. 本手册所收的字一般是先秦兩漢典籍中常見的。同時也酌量收了一些非常用字，特别是考慮到諧聲系統與上古音的關係，着重注意收了一些一般不單獨用的偏旁（聲符）字，例如：

釆、畐、㡀、仌、史、屏、㸚、卝、丣、丨、六、夫、書、㱿、巛、夋、耎、𡴀、夊、劦、亘、妟、家、豙、坙、眀、悳、𢦏、参……

一些古音學著作的收字往往完全依據許慎的《説文解字》。其實《説文》裏有不少僻字或漢代方言字，如“䁝、洝、䚎、䨁、䆷”等本手册均不收。相反，本手册收了一批不見于《説文》而已見于先秦文獻的常用字，例如：

仵、岌、忸、侏、昊、亮、哂、由、洲、畚，烹、耄、苟、售、捧、惟、涯、揉、愎、貽、嗽、愈、落、葸、肆、屢、熟、隧、嘻、撤、篾、懌、醒、濱、瞳、瞭、譚、鏘、躁、瞻、儻、裒……

還有一些字不見于《説文》，也不見于先秦典籍，但已見于兩漢的文獻，本手册也酌量收入，例如：

仗、刎、忤、炘、旺、昂、殁、迢、砌、廊、崎、洪、晡、湃、喆、腕、酪、漫、嶇、廝、嬉、賽、曙、璘、礠、瀉、鎖、譜、霔、戀……

本手册收字的根據，除了《説文》，主要是《尚書》《詩經》《論語》《老子》《孟子》《莊子》《韓非子》《春秋三傳》《爾雅》《方言》及《史記》《漢書》等古籍。

8. 正是考慮到字形與古音的關係，本手册所收字的字形都用繁體。异體字見于上古文獻的用括號附在通行字的後邊，例如“創（刱）、皋（臯）、衝（衟）、跬（趌蹞）”等。但有些通行字反而是後起的，則用括號附在所謂本字的後邊，例如“嬾（懶）、箴（針）、欲（喝）、很（狠）、羸（騾）、見（現）”等。

9. 現代許多字因意義不同有兩種或數種讀音，而在上古往往衹有一種讀音。本手册依今音分別列出，并用小字注明其不同意義或用法，例如：chǔ 處處居；chù 處住處。又如：guān 莞莞蒲；wǎn 莞莞爾；guǎn 莞同“管”。但是漢魏以後産生的意義的讀音，則不録，例如“扛”，今有

gāng 和 káng 兩讀，念 gāng 是用雙手舉（重物）的意思，見于《史記》（“力能扛鼎”）；而念 káng 是用肩承擔（物體）的意思，是晚起的，因此本手册祇收 gāng（扛），不收 káng（扛）。按照同樣的原則，又如“没”字祇收 mò（沉没、没世）一讀，不收讀 méi（没有）的音；“臊”字祇收 sāo（臊氣）一讀，不收讀 sào（害臊）的音；“焯”字祇收 zhuó（焯爍、焯見）一讀，不收讀 chāo（焯菠菜）的音。

有的字在普通話裏有兩種讀音而不區别意義的，則加脚注説明，如“虹”hóng，今又讀 jiàng；“尾”wěi，今又讀 yǐ；“釃”shī，今又讀 shāi。

有的字在上古則有不同的意義或代表兩個不同的詞，到中古分化爲兩讀，而在現代普通話裏由于語音系統的變化又合爲一讀，例如“易”字，在上古有難易的易和變易的易兩種不同的意義，但都屬入聲錫部喻母，到中古分化爲去、入兩讀（其去聲來自長入）。在《廣韵》裏，難易的“易”，以豉切，屬去聲寘韵；變易的“易”，羊益切，屬入聲昔韵。而在現代普通話裏，由于入聲的轉化，兩種“易”字又合爲去聲（yì）一讀。此類字，本手册一般也在脚注裏注出《廣韵》的反切和韵目。

10. 本手册主要收的是單字，但也酌量收了一些上古的複音詞（都是雙聲或叠韵聯綿字）。此類詞都依第一字的現代讀音排在相當的地位，并在後面注明它們的讀音。然後再低一格把上下兩字分别列出，并注出它們的上古音，例如：

觱篥 bì lì

觱 ——質・幫・入

篥 ——質・來・入

11. 爲了方便讀者，本手册後面附有《部首筆畫檢字表》。

12. 本手册在編寫過程中，除了參考各家古音學著作外，還參考了丁聲樹先生的《古今字音對照手册》，脱稿後又承王力先生審閱教正，同時，南京師範學院徐復先生和南京大學魯國堯同志對本書的修改也提了不少寶貴意見，一并在此謹致謝忱。

編著者

1979 年 8 月完稿

1980 年 9 月訂正

A

ā	阿[1]	——歌·影·平
āi	埃唉欸呵斥挨擊也[2]	——之·影·平
	哀	——微·影·平
ái	騃	——之·疑·平
	皚敳磑[3]	——微·疑·平
	騃[4]	——之·疑·上
ǎi	毐[5]	——之·影·平
	欸應答聲	——之·影·上
	藹	——月·影·長入
ài	礙譺閡	——之·疑·去
	嗌噎也隘	——錫·影·入
	艾	——月·疑·長入
	炁(愛)僾曖薆	——物·影·長入
	餲	——月·影·長入

① 阿,今有 ā、ē 兩讀。ē 音所表示的意義已見于先秦,而 ā 音最早見于東漢佛經的譯文。

② 今"挨打"的"挨"讀 ái,是後起的。

③ 磑,《廣韵》五對切,磨也,今讀 wèi;又讀 ái,據《集韵》魚開切,同"皚",又高峻貌。

④ 騃,《廣韵》五駭切,愚也;又床史切,趨行也,今讀 sì。

⑤ 毐,《廣韵》烏開切,又烏改切,有平、上兩讀,見于咍韵和海韵。

ān	安窰(鞍)	——元·影·平
	媕菴	——談·影·平
	盦諳	——侵·影·平
án	儑	——談·影·平
ǎn	晻	——談·影·上
àn	岸犴(豻)	——元·疑·去
	按案	——元·影·去
	黯	——侵·影·上
	暗闇	——侵·影·去
āng	姎	——陽·影·平
áng	卬昂軮	——陽·疑·平
ǎng	坱	——陽·影·上
àng	盎醠①	——陽·影·上
áo	敖嶅嗷嶅滶熬獒螯蔜謷謸	
	鼇(鰲)囂囂囂，衆多貌摮	——宵·疑·平
	鏖鑣	——宵·影·平
	翱翔 áo xiáng	
	翱	——幽·疑·平
	翔	——陽·邪·平

① 盎醠，《廣韻》烏朗切，又烏浪切，有上、去兩讀，見于蕩韻與宕韻。

ǎo 媪 ——幽·影·上

芙趴 ——宵·影·上

ào 奡 ——宵·疑·去

傲驁 ——宵·疑·去

奥懊隩① ——覺·影·長入

① 奥懊隩,又讀於六切,今念 yù。

B

bā	巴芭豝鈀兵車[1]	——魚·幫·平
	八[2]	——質·幫·入
	捌	——月·幫·入
bá	犮坺拔胈茇跋軷魃發	——月·並·入
bǎ	把	——魚·幫·上
bà	弝靶轡革[3]	——魚·幫·去
	罷止也矲	——歌·並·上
	鑼	——歌·幫·平
	覇	——鐸·幫·長入
bái	白	——鐸·並·入
bǎi	百佰柏	——鐸·幫·入
	捭闔 bǎi hé	
	捭	——支·幫·上
	闔	——葉·匣·入
bài	稗粺	——支·並·去
	(拜)(𢷎)	——月·幫·長入

① 鈀,用同"耙"(pá),是後起的。又表箭鏃,《廣韻》普巴切,今念 pā。

② 八,有的古音學家歸物部。

③ "打靶"的"靶"念 bǎ,是後起的。

	敗	——月·並·長入
bān	班斑(辬)般扳	——元·幫·平
	盤蝥 bān máo	
	盤	——元·幫·平
	蝥	——侯·明·平
	攽頒鳻	——文·幫·平
bǎn	坂昄板版鈑阪	——元·幫·上
bàn	伴	——元·並·上
	半姅絆靽	——元·幫·去
	辨(辦)[①]瓣	——元·並·去
bāng	邦	——東·幫·平
bǎng	榜	——陽·幫·平
bàng	玤蚌蜯棓(棒)	——東·並·上
	謗	——陽·幫·去
	傍依傍徬依附[②]	——陽·並·平
bāo	勹包枹樹名苞胞褒(褒)	——幽·幫·平
báo	雹	——覺·並·入
	薄	——鐸·並·入
	箔	——職·並·入

① 辨,《廣韻》蒲莧切,義爲治理,後作"辦"。又符蹇切,義爲辨别,讀 biàn。

② 傍徬,《廣韻》蒲浪切,已屬去聲宕韻。

	瀑	——藥・並・入
bǎo	呆[①]保葆緥(褓)寶𠂤	
	鴇飽鴇	——幽・幫・上
bào	抱鮑	——幽・並・上
	報	——幽・幫・去
	暴(㬥)瀑虣	——藥・並・長入
	豹爆	——藥・幫・長入
bēi	杯柸盃(桮)	——之・幫・平
	卑庳椑碑錍鵯	——支・幫・平
	陂水邊,山坡䙴裙子别稱	——歌・幫・平
	悲	——微・幫・平
běi	北	——職・幫・入
bèi	倍菩草名[②]	——之・並・上
	被	——歌・並・上
	鞁	——歌・並・去
	輩	——微・幫・去
	奰	——質・並・入
	背脊背	——職・幫・入
	邶葡備憊犕	——職・並・長入

① "呆"是"保"的古體。

② 菩,《廣韻》簿亥切;又簿胡切,讀 pú,用于"菩提、菩薩",是後起的。

	貝軷鯡	——月・幫・長入
	孛誖(悖)	——物・並・長入
bēn	奔賁虎賁犇	——文・幫・平
běn	本畚苯	——文・幫・上
bèn	笨竹裏也	——文・並・上
	坌	——文・並・去
bēng	崩繃	——蒸・幫・平
	祊(鬃)	——陽・並・平
	絣	——耕・幫・平
běng	琫菶鞛	——東・幫・上
	唪①	——東・並・上
bèng	堋(塴)	——蒸・幫・去
	榜榜人，舟子也	——陽・幫・去
	迸跰	——耕・幫・去
bī	偪楅逼	——職・幫・入
	畐	——職・滂・入
bí	鼻	——質・並・長入
bǐ	啚鄙	——之・幫・上
	俾箄	——支・幫・上

① 唪，《廣韵》蒲蠓切，今又念 fěng，是後起音義。

	彼柀	——歌・幫・上
	匕疕比吡妣朼沘秕粃紕	——脂・幫・上
	咇嚌 bǐ zhì	
	咇	——質・幫・入
	嚌	——質・莊・入
	筆	——物・幫・入
bì	禆	——支・幫・平
	庳婢髀	——支・並・上
	詖陂	——歌・幫・去
	髲	——歌・並・去
	螕	——脂・幫・平
	陛梐蜌	——脂・並・上
	坒	——脂・並・去
	庇	——脂・幫・去
	賁賁臨	——文・幫・平
	湢皕	——職・幫・入
	愊	——職・滂・入
	煏稫	——職・並・入
	愎	——覺・並・入

碧①	——鐸・幫・入
辟壁璧躄甓(甓)	——錫・幫・入
椑擗躃	——錫・並・入
嬖臂薜避	——錫・幫・長入
淅敝弊幣獘斃贔	——月・並・長入
蔽鼈鷩	——月・幫・長入
畀痹箅②	——質・幫・長入
必泌怭珌祕(秘)神也毖苾	
邲閟庇閉畢彈滭樺縪篳	
蓽蹕(趩)韠	——質・幫・入
觱篥 bì lì	
觱	——質・幫・入
篥	——質・來・入
滭浡 bì bō	
滭(觱)	——質・幫・入
浡	——物・並・入
佖抋邲飶駜綼	——質・並・入
弼(弻)③拂	——物・並・入

① 碧,有的古音學家歸入錫部。

② "畀痹箅"等字,有的古音學家歸入物部。

③ 弼(弻),有的古音學家歸入月部。

	閉閟鞑	——質·幫·入
	費(鄪)	——物·幫·長入
biān	邊籩箯鞭	——元·幫·平
	編萹甂蝙鯿[①](鯾)	——真·幫·平
	砭	——談·幫·平
biǎn	扁惼褊	——真·幫·上
	窆貶㝸[②]	——談·幫·上
biàn	辡辨辮辯	——元·並·上
	變	——元·幫·去
	卞弁昪拚(抃)汴笲閞便	
	汳釆	——元·並·去
	徧遍	——真·幫·去
biāo	彪滮(淲)髟驫	——幽·幫·平
	麃[③]儦瀌穮藨鑣摽麾也標	
	熛蔈膘(臕)鏢猋飆	
	杓北斗柄星	——宵·幫·平
biǎo	表褾	——宵·幫·上

① 這類從"扁"的字，有的古音學家歸元部。下同。

② "窆貶"二字，有的古音學家歸入侵部。

③ 麃，《廣韵》薄交切，屬並母，而《集韵》悲嬌切，幫母。

biào	摽擊也，落也[①]	——宵・並・上
biē	鱉（鼈）憋鷩	——月・幫・入
bié	别蟞襒（襒）蹩蛂	——月・並・入
	咇茀 bié fú	
	咇	——質・並・入
	茀	——物・滂・入
biè	彆	——月・幫・入
bīn	賓儐濱瀕彪	——真・幫・平
	繽	——真・滂・平
	汃彬（斌）邠豩豳鬢	——文・幫・平
bìn	擯殯鬢	——真・幫・去
	臏髕	——真・並・上
bīng	仌（冰）掤	——蒸・幫・平
	兵	——陽・幫・平
	并并州栟	——耕・幫・平
bǐng	丙怲炳邴秉	——陽・幫・上
	柄[②]	——陽・幫・去
	屏（摒）偋鉼餅鞞刀鞘[③]	——耕・幫・上

① 摽，《廣韵》符少切，屬上聲小韵並母。

② 柄，今又讀 bìng。

③ 鞞，《廣韵》府移切，屬平聲支韵；又補鼎切，屬上聲迥韵。

稟(禀) ——侵·幫·上

bìng 並竝 ——陽·並·上

病寎 ——陽·並·去

并合并併 ——耕·幫·去

bō 波嶓碆(磻) ——歌·幫·平

播 ——歌·幫·去

剥 ——屋·幫·入

癶發墢撥襏蹳鱍(鱍) ——月·幫·入

潑 ——月·滂·入

癹 ——月·並·入

嚗 ——藥·幫·入

bó 踣僰 ——職·並·入

駁駮爆襮 ——藥·幫·入

礿瓝 ——藥·並·入

撲 ——屋·並·入

伯博搏欂鎛髆猼欂 ——鐸·幫·入

帛怕無爲[①]泊箔鮊亳薄礴

孛勃浡教郣桲脖渤 ——鐸·並·入

馞艴 ——物·並·入

① “怕”念 pà 的音義是後起的。

bǒ	跛簸	——歌·幫·上
bò	擘檗(蘗)薜	——錫·幫·入
bū	晡逋餔抪	——魚·幫·平
bú	轐	——屋·並·入
bǔ	補	——魚·幫·上
	哺捕	——魚·並·上
	卜鳪	——屋·幫·入
bù	不①	——之·幫·平
	部蔀篰瓿②	——之·並·上
	布怖	——魚·幫·去
	簿	——魚·並·上
	步	——鐸·並·長入

① 不,今又讀 bú(在去聲字前)。

② "部"等從音聲的字,有的古音學家歸侯部。

C

cāi	猜	——之·清·平
cái	才材財裁纔(才)	——之·從·平
cǎi	采(採)寀(埰)棌綵髮	——之·清·上
cài	菜采食邑	——之·清·去
	蔡縩	——月·清·長入
cān	湌(餐)	——元·清·平
	參驂趁	——侵·清·平
cán	戔殘奴	——元·從·平
	蠶	——侵·從·平
	慙(慚)	——談·從·平
cǎn	慘黲朁噆憯瘆	——侵·清·上
càn	粲燦	——元·清·去
cāng	倉滄蒼鶬	——陽·清·平
cáng	藏儲藏	——陽·從·平
cāo	操	——宵·清·平
cáo	曹嘈漕槽螬	——幽·從·平
cǎo	艸草慅	——幽·清·上
cào	懆	——宵·清·上
	鄵	——宵·清·去

	鑿	——覺・清・長入
cè	側畟	——職・莊・入
	惻測廁(厠)	——職・初・入
	策筴册	——錫・初・入
	傪	——緝・初・入
cēn	參差 cēn cī	
	參(嵾篸)	——侵・清・平
	差(嵯簽)	——歌・清・平
cén	火岑涔梣	——侵・崇・平
céng	曾層鄫[①]	——耕・從・平
chā	差差異叉杈艖	——歌・初・平
	臿插鍤	——葉・初・入
	扱	——緝・初・入
chá	茶(荼)	——魚・定・平
	苴枯草鉏鉏牙	——魚・崇・平
	槎䁟茬	——歌・崇・平
	察詧	——月・初・入
chà	差差错	——歌・初・平
	奼姹詫	——鐸・透・長入

① 鄫,今又讀 zēng,《廣韵》疾陵切。

侘傺 chà chì

侘 ——鐸・透・長入

傺 ——月・透・長入

chāi 差擇也[①]釵 ——歌・初・平

坼(拆)裂也,開也 ——鐸・透・入

chái 豺 ——之・崇・平

柴祡 ——支・崇・平

儕 ——脂・崇・平

chǎi 茝[②] ——之・昌・平

chài 瘥病愈 ——歌・初・平

蠆 ——月・透・長入

chān 梴 ——元・透・平

怗(沾)怗懘覘[③] ——談・透・平

幨蟾襜裧怗 ——談・昌・平

chán 廛瀍纏躔纏鄽 ——元・定・平

孱僝潺 ——元・崇・平

單單于蟬澶鋋 ——元・禪・平

嬋媛 chán yuán

---

① 《詩經・陳風・東門之枌》:"穀旦于差。"今"出差"的差,也念 chāi,是後起的。

② 茝,《廣韻》昌紿切;又諸市切,今讀 zhǐ,即同"芷"。

③ "怗覘"等從占得聲的字,有的古音學家歸侵部。

	嬋	——元・禪・平
	媛	——元・匣・平
	毚巉劖攙刺也瀺鑱讒[1]	
	獑（蝷）	——談・崇・平
	蟾	——談・禪・平
chǎn	產滻	——元・生・上
	剗（剷）	——元・清・上
	嘽燀繟闡	——元・昌・上
	蒇韂	——元・透・上
	諂讇	——談・透・上
chàn	羼	——元・初・上
	顫[2]	——元・章・去
	儳[3]	——談・崇・平
	摲讖	——談・初・去
chāng	倀	——陽・透・平
	昌倡藝人猖菖閶	——陽・昌・平
cháng	長萇場腸	——陽・定・平
	常裳嫦嘗鱨償	——陽・禪・平

① “毚”及從毚聲的字，有的古音學家歸侵部。

② 顫，《廣韵》之膳切，今又讀 zhàn。

③ 儳，《廣韵》有平、去兩讀：士咸切，又仕陷切。

徜徉 cháng yáng

徜(倘) ——陽·禪·平

徉(佯) ——陽·喻·平

chǎng 昶 ——陽·透·上

惝怳 chǎng huǎng

惝(戃) ——陽·透·上

怳(慌恍) ——陽·曉·上

場 ——陽·定·平

敞㦂 ——陽·昌·上

chàng 悵韔弓衣暢鬯 ——陽·透·去

倡提倡唱 ——陽·昌·去

chāo 抄鈔訬 ——宵·初·平

勦(剿)抄取[①] ——宵·崇·平

怊超嘮 ——宵·透·平

弨 ——宵·昌·平

cháo 謿(嘲) ——宵·端·平

朝潮晁(鼂) ——宵·定·平

巢樔鄛轈 ——宵·崇·平

chǎo 炒熬也 ——宵·初·上

---

① 勦(剿),今又讀 jiǎo。

chē 車 ——魚・昌・平

chè 坼 ——鐸・透・入

中徹撤哲 ——月・透・入

澈 ——月・定・入

掣 ——月・昌・長入

咕咕囁 ——葉・昌・入

chēn 瞋䐜獭獭㺃 ——真・昌・平

琛郴綝棽 ——侵・透・平

chén 陳塵𡐓 ——真・定・平

臣 ——真・禪・平

辰宸晨 ——文・禪・平

沉（沈）霃莐 ——侵・定・平

忱訦煁諶 ——侵・禪・平

chěn 踸踔 chěn chuō

踸（踸趻） ——侵・透・上

踔 ——藥・透・入

chèn 稱相稱 ——蒸・昌・平

趁① ——真・透・平

齔（齓）② ——真・初・去

---

① 趁，《廣韻》丑刃切，已屬去聲震韻徹母。

② 齔，從匕聲，有的古音學家歸歌部。

	疢	——文·透·去
	讖	——談·初·去
chēng	爯偁稱稱舉、稱許	——蒸·昌·平
	樘瞠牚撐(定)	——陽·透·平
	檉赬(䞓竀)	——耕·透·平
	琤噌噌吰	——耕·初·平
chéng	澄[①]澂橙懲	——蒸·定·平
	乘(椉)塍騬	——蒸·船·平
	丞承	——蒸·禪·平
	棖	——陽·定·平
	朾呈桯珵程脭裎脱衣露體酲	——耕·定·平
	成城宬郕盛誠	——耕·禪·平
chěng	騁逞裎對襟單衣	——耕·透·上
chèng	稱(秤)	——蒸·昌·平
chī	笞齝癡	——之·透·平
	蚩嗤(歘)媸	——之·昌·平
	摛螭瞝	——歌·透·平
	魑魅 chī mèi	
	魑	——歌·透·平

① 澄,《廣韻》直陵切,今又讀 dèng,《集韻》有唐亘切一讀。

	魅	——物·明·長入
	眵	——歌·昌·平
	蚳	——脂·定·平
	胵鴟	——脂·昌·平
	絺郗地名[1]	——微·透·平
	吃口吃[2]	——物·見·入
chí	茌茌平漦狋	——之·崇·平
	持峙峙𡾊	——之·定·平
	箎篪(竾)鷈	——支·定·平
	踟躕 chí chú	
	踟	——支·定·平
	躕	——侯·定·平
	弛(弛褫)	——歌·書·上
	匙	——支·禪·平
	池馳拸趍	——歌·定·平
	坻小沚泜蚳墀遲謘(誀)荎	——脂·定·平
chǐ	耻(恥)	——之·透·上
	齒	——之·昌·上
	褫	——支·透·上

① "郗"今用作姓氏,讀 xī。

② 吃,舊讀 jī。

	豉	——支·禪·去
	胣	——歌·透·上
	侈袲恀	——歌·昌·上
	尺蚇(蚸)	——鐸·昌·入
chì	饎(糦)	——之·昌·去
	伬湁瀷敕(勅勑)飭	——職·透·入
	熾	——職·昌·長入
	彳小步也	——鐸·透·入
	赤斥	——鐸·昌·入
	啻翅(翄翨翤)	——支·書·去
	傺	——月·透·長入
	瘛(瘈)瘳(掣)瘌	——月·昌·長入
	抶	——質·透·入
	叱	——質·昌·入
	湁	——緝·透·入
chōng	忡憃	——冬·透·平
	沖(冲)翀	——冬·定·平
	充[①]茺㳘憧衝(衝)罿艟	——東·昌·平
	舂惷	——東·書·平

① 充，有的古音學家歸冬部。

chóng 蟲[1]爞种 ——冬·定·平

崇 ——冬·崇·平

重重復 ——東·定·平

chǒng 寵 ——東·透·平

chōu 抽紬紬繹瘳 ——幽·透·平

犨 ——幽·昌·平

chóu 惆 ——幽·透·平

梼稠裯儔幬單帳也疇籌薵醻儵 ——幽·定·平

綢繆 chóu móu

綢 ——幽·定·平

繆 ——幽·明·平

躊躇 chóu chú

躊 ——幽·定·平

躇 ——魚·定·平

仇讎（讐）詶酬（酧）雔 ——幽·禪·平

愁 ——幽·崇·平

chǒu 丑 ——幽·透·上

醜 ——幽·昌·上

chòu 臭氣味殠 ——幽·昌·去

chū 貙 ——侯·透·平

---

① “蟲”的簡體今作“虫”，但在古代“虫”和“蟲”是兩个不同的字，“虫”念 huǐ，同“虺”。

	樗摴攄	——魚・透・平
	初	——魚・初・平
	出	——物・昌・入
chú	廚(厨)躕	——侯・定・平
	芻犓	——侯・初・平
	媰雛鶵䳜鶵	——侯・崇・平
	涂(滁)除篨籧篨蒢藸茎藸躇	——魚・定・平
	鉏(鋤)	——魚・崇・平
	蓫	——屋・透・入
chǔ	楮褚	——魚・透・上
	儲①	——魚・定・平
	楚礎齭	——魚・初・上
	杵處處居	——魚・昌・上
chù	處住處	——魚・昌・上
	矗	——職・初・入
	畜畜牲滀搐鄐	——覺・透・入
	俶始也琡諔	——覺・昌・入
	亍止也	——屋・透・入
	臅歜觸隼臅	——屋・昌・入

① 儲,《廣韵》直魚切,舊讀 chú。

	怵踿絀黜	——物·透·入
chuǎi	揣忖度①	——歌·初·上
chuài	嘬囓也	——月·初·長入
chuān	穿	——元·昌·平
	川	——文·昌·平
chuán	傳傳授椽	——元·定·平
	船	——元·船·平
	遄篅(圌)輲(輇)	——元·禪·平
chuǎn	喘惴	——元·昌·上
	歂	——元·禪·上
	舛僢踳	——文·昌·上
chuàn	串貫串	——元·昌·去
chuāng	囱窗(窓)摐(鏦)	——東·初·平
	創創傷瘡	——陽·初·平
chuáng	幢旌幢也橦木柱	——東·定·平
	牀	——陽·崇·平
chuǎng	闖②	——侵·透·去
	愴怳 chuǎng huǎng	
	愴	——陽·初·上

① 揣,《廣韵》初委切,已屬紙韵;又丁果切,屬果韵。

② 闖,《廣韵》丑禁切,屬去聲沁韵,依反切,今音當念 chèn。

	怳	——陽·曉·上
chuàng	刅創(刱)草創滄寒也	——陽·初·平
chuī	吹炊	——歌·昌·平
chuí	腄	——歌·端·平
	甀鬌	——歌·定·平
	垂倕捶陲棰箠錘	——歌·禪·平
	椎槌縋鎚顀	——微·定·平
chūn	春(旾)	——文·昌·平
	杶椿櫄芚輴輴鶞	——文·透·平
chún	脣漘	——文·船·平
	淳醇錞錞于鶉肫(膞)	
	純蒓(蓴)	——文·禪·平
chǔn	偆惷蠢	——文·昌·平
chuō	逴踔趠戳(戳)	——藥·透·入
chuò	辵	——鐸·透·入
	綽寬綽	——藥·昌·入
	婥約 chuò yuē	
	婥(淖綽汋)	——藥·昌·入
	約	——藥·影·入
	娖齪擉	——屋·初·入
	叕惙輟	——月·端·入

	啜歠	——月·昌·入
cī	疵玼鶿玼骴	——支·從·平
	差参差	——歌·清·平
	差池 cī chí	
	差	——歌·初·平
	池	——歌·定·平
cí	慈鷀磁	——之·從·平
	祠詞辞(辭)	——之·邪·平
	雌①	——支·清·平
	茨餈資穧	——脂·從·平
cǐ	此佌泚玼跐茈茈虒	——支·清·上
cì	截	——之·清·去
	庛	——脂·清·去
	次佽	——支·清·去
	廁	——職·初·入
	朿刺直傷也,責也莿	——錫·清·長入
	賜	——錫·心·長入
cōng	悤(怱)熜璁蔥鏓聰	
	驄葱蟌樅鏦囪	——東·清·平

① 雌,《廣韵》此移切,舊讀 cī。

	從容 cōng róng	
	從	——東・清・平
	容	——東・喻・平
cóng	淙悰琮賨潀	——冬・從・平
	从從叢(藂)	——東・從・平
còu	棲湊腠輳	——屋・清・長入
cū	粗犓麄麤	——魚・清・平
cú	徂殂䢐	——魚・從・平
cù	噈蹴踧蹵顣蹴蹙慼蹙	——覺・清・入
	踧踖 cù jí	
	踧	——覺・清・入
	踖	——鐸・精・入
	促瘯蔟簇趣通"促"	
	趨通"促"	——屋・清・入
	酢(醋)	——鐸・清・長入
	卒通"猝"猝	——物・清・入
cuán	攢攢聚欑	——元・從・平
cuàn	爨	——元・清・平
	竄①	——元・清・去

① 竄,有的古音學家歸月部。

	篹	——元·初·去
cuī	衰等衰縗崔催	——微·清·平
	摧磪	——微·從·平
	榱	——微·生·平
cuǐ	漼璀趡	——微·清·上
cuì	脆(脃)毳膬竁	——月·清·長入
	倅啐淬焠綷翠	——物·清·長入
	崒(崪)悴萃瘁顇	——物·從·長入
	粹	——物·心·長入
cūn	村邨	——文·清·平
cún	存踆蹲蹲蹲,舞貌	——文·從·平
cǔn	忖刌	——文·清·上
cùn	寸	——文·清·去
cuō	磋瑳	——歌·清·平
	蹉跎 cuō tuó	
	蹉	——歌·清·平
	跎	——歌·定·平
	撮撮聚	——月·清·入
cuó	痤瘥病鹺	——歌·從·平
	嵯峨 cuó é	
	嵯	——歌·從·平

	峨	——歌·疑·平
cuǒ	脞	——歌·清·上
cuò	挫	——歌·精·去
	剉莝銼	——歌·清·去
	厝剒措錯	——鐸·清·入

D

dā　答(荅)答應榙　——緝・端・入

dá　妲怛狚笪靼　——月・端・入

達　——月・定・入

答(荅)問答　——緝・端・入

dǎ　打①　——耕・端・上

dà　大　——月・定・長入

dài　待迨怠殆紿　——之・定・上

駘蕩 dài dàng

駘　——之・定・上

蕩　——陽・定・上

黱(黛)代岱貸②玳　——職・定・長入

帶戴③　——月・端・長入

大大王軑逮隸　——月・定・長入

dān　丹匰單殫簞癉癉疸禪勯　——元・端・平

眈耽躭酖愖　——侵・端・平

儋擔擔任甔襜　——談・端・平

---

① 打,《廣韻》都挺切,又都冷切,屬上聲迥韻。

② 貸,《廣韻》他代切,屬透母。

③ 戴逮隸,有的古音學家歸質部。

	聃(聸)	——談·透·平
dǎn	疸亶誠也	——元·端·上
	紞默	——侵·端·上
	膽黵	——談·端·上
dàn	癉勞病也	——元·端·平
	旦鴠	——元·端·去
	僤彈彈丸憚	——元·定·去
	但誕亶通"但"潬觛	——元·定·上
	髧禫雲甚	——侵·定·上
	儋擔重擔檐	——談·端·去
	萏窞餤	——談·定·上
	啖(啗嚪)惔淡憺澹	——談·定·去
dāng	當應當蟷璫鐺鋃鐺	——陽·端·平
dǎng	黨讜	——陽·端·上
dàng	當妥當	——陽·端·平
	碭①	——陽·定·平
	崵愓簜蕩盪璗	——陽·定·上
	趤	——陽·端·去
	宕蕩踼逿	——陽·定·去

① 碭,《廣韻》有平、上、去三讀。

dāo	刀忉	——宵·端·平
	舠裯	——幽·端·平
dǎo	島擣(搗)禱壔檮	——幽·端·上
	導蹈	——幽·定·去
	倒仆倒	——宵·端·上
dào	道稻	——幽·定·上
	幬覆蓋燾[1]翿	——幽·定·去
	到倒顛倒菿	——宵·端·去
	盜	——宵·定·去
	纛(翿)	——覺·定·長入
	悼	——藥·定·長入
dé	得悳(德)	——職·端·入
dēng	登簦鐙瓦豆(燈)蹬	——蒸·端·平
děng	等	——蒸·端·上
dèng	墱嶝隥	——蒸·端·去
	澄鄧瞪	——蒸·定·去
dī	隄(堤)鞮	——支·端·平
	氐氐宿,星名低羝祗磾	——脂·端·平
	滴樀	——錫·端·入

① 燾,今又讀 tāo。

dí	笛(篴)迪滌踧	——覺・定・入
	翟山雉尾長者䊮	——藥・定・入
	覿	——屋・定・入
	嫡鏑鍉通“鏑”	——錫・端・入
	狄荻敵蹢白蹢	——錫・定・入
dǐ	坻通“阺”,阪也阺	——脂・定・入
	氐本也底抵弤邸柢牴(觝)	
	砥詆骶	——脂・端・上
dì	踶遞	——支・定・去
	地髢	——歌・定・去
	弟娣悌	——脂・定・上
	第睇	——脂・定・去
	的菂	——藥・端・入
	玓瓅 dì lì	
	玓	——藥・端・入
	瓅	——藥・來・入
	帝蒂諦	——錫・端・長入
	禘締	——錫・定・長入
	墆螮杕杕杜棣逮[1]	——月・定・長入

① 棣逮,有的古音學家歸質部。

	螮蝀 dì dōng	
	螮（蝃）	——月・端・長入
	蝀	——東・端・平
diān	傎滇瘨（癲）蹎顛巔齻	——真・端・平
diǎn	典	——文・端・上
	點	——談・端・上
diàn	電	——真・定・去
	佃甸①	——真・定・平
	屍殿宮殿澱奠	——文・定・去
	玷②	——談・端・上
	坫阽③	——談・端・去
	墊	——侵・端・去
	簟	——侵・定・去
diāo	凋彫琱雕（鵰）鯛	——幽・端・平
	刁貂（鼦）虭蛁	——宵・端・平
diào	調音調蜩蓧④	——幽・定・平
	寫	——幽・端・去

① 甸，《廣韵》堂練切，已屬去聲線韵。

② 凡從“占”聲的字，有的古音學家歸侵部。

③ 阽，《廣韵》又余廉切，屬平聲，鹽韵喻母，今又念 yán。

④ 調蜩蓧，《廣韵》徒弔切，屬去聲嘯韵。

	嬥趙	——宵·定·上
	弔釣魡	——藥·端·長入
	掉藋(䆝蘿)	——藥·定·長入
diē	跌	——質·定·入
dié	咥咬垤窒絰耋蛭跮迭	
	昳瓞胅詄镻	——質·定·入
	堞喋惵褋牒蝶蹀諜鰈疊(疉)	——葉·定·入
dīng	丁虰玎靪釘	——耕·端·平
dǐng	頂鼎酊	——耕·端·上
dìng	鋌铜鐵樸也汀汀濘訂	——耕·定·上
	錠顁	——耕·端·去
	定	——耕·定·去
dōng	冬	——冬·端·平
	東涷辣蝀	——東·端·平
dǒng	董蕫	——東·端·上
dòng	凍	——東·端·平
	動	——東·定·上
	棟湩鼓聲	——東·端·去
	洞恫恫嚇筩洞簫迵	——東·定·去
dōu	兜篼	——侯·端·平
dǒu	斗枓	——侯·端·上

dòu	豆脰梪逗	——侯·定·去
	鬥(鬭)	——侯·端·去
	竇瀆讀句讀	——屋·定·長入
dū	都闍城門上的臺	——魚·端·平
	督裻	——覺·端·入
dú	毒蝳	——覺·定·入
	獨襡韣嬻瀆(瀆)櫝(匵)	
	牘殰殰犢讀韇黷讟	——屋·定·入
	髑髏 dú lóu	
	髑	——屋·定·入
	髏	——侯·來·平
dǔ	堵睹(覩)賭	——魚·端·上
	篤	——覺·端·入
dù	杜	——魚·定·上
	妬(妒)蠹(蝨蠹)	——鐸·端·長入
	度渡	——鐸·定·長入
duān	耑剬端鍴	——元·端·平
duǎn	短	——元·端·上
duàn	斷緞	——元·定·上
	碫鍛踹	——元·端·去
	段椴	——元·定·去

duī	堆搥投擲敦治理	——微・端・平
duì	兑鋭兵器	——月・定・長入
	對懟薱祋碓	——物・端・長入
	隊	——物・定・長入
	敦食器名憝(憞)錞(鐓)譈鐏也	——微・定・去
dūn	惇敦敦厚埻	——文・端・平
	蹲踞也	——文・從・平
dùn	頓	——文・端・去
	盾沌囤䇍	——文・定・上
	鈍遁遯	——文・定・去
duō	多	——歌・端・平
	剟掇(敠)	——月・端・入
	咄	——物・端・入
duó	度揣度剫踱鐸	——鐸・定・入
	奪(敓)	——月・定・入
duǒ	朵垜堂塾也埵嚲	——歌・端・上
duò	墮(憜)嫷陊	——歌・定・上
	惰(媠)䙃	——歌・定・去

E

ē	阿嬰	——歌・影・平
	阿那 ē nuó	
	阿(婀)	——歌・影・平
	那(娜)	——歌・泥・平
é	俄峨(峩)娥睋莪蛾鵝吪	
	囮訛(譌)	——歌・疑・平
	額(頟)	——鐸・疑・入
è	餓	——歌・疑・去
	惡善惡堊	——鐸・影・入
	堮愕鄂諤鍔遌(遻)鶚噩咢	——鐸・疑・入
	厄戹扼(搤)阨軛搤	——錫・影・入
	堨遏軶閼塞也頞	——月・影・入
éi	誒(欸)嘆聲	——之・影・平
ēn	恩	——真・影・平
ér	而洏栭胹荋輀(陑)鮞	——之・日・平
	兒	——支・日・平
ěr	耳珥餌駬	——之・日・上
	尒(尔)	——支・日・上

	尒爾邇	——脂・日・上
èr	佴副貳,次刵咡眲峏髶	——之・日・去
	二弍貳樲	——脂・日・去

F

fā	發	——月·幫·入
fá	伐筏栰茷閥罰瞂	——月·並·入
	乏[1]	——葉·並·入
fǎ	法(灋)	——葉·幫·入
fà	髮	——月·幫·入
fān	蕃蕃屏藩籓轓	——元·幫·平
	番更番幡繙翻旛	——元·滂·平
fán	墦蕃蕃茂蟠璠膰蹯煩	
	蘩袢樊繁蘩	——元·並·平
	凡颿	——侵·並·平
fǎn	反返飯	——元·幫·上
fàn	販	——元·幫·去
	飯畚	——元·定·上
	汎	——侵·滂·去
	軓	——侵·並·上
	氾泛[2]	——談·滂·去
	犯范笵範	——談·並·上

① 乏,有的古音學家歸緝部。

② “泛”及“氾犯范範”等字,有的古音學家歸侵部。

fāng 方坊妨舫併船枋汸邡

鈁匚 ——陽·幫·平

芳 ——陽·滂·平

fáng 肪 ——陽·並·平

妨 ——陽·滂·平

防(坊)房魴 ——陽·並·平

fǎng 昉瓬 ——陽·幫·上

仿(倣)紡 ——陽·滂·上

彷彿 fǎng fú

彷(仿髣) ——陽·滂·上

彿(佛髴) ——物·並·入

訪 ——陽·滂·去

舫 ——陽·幫·去

fàng 放 ——陽·幫·去

fēi 非扉蜚通"飛"騑飛 ——微·幫·平

妃斐裶菲芳菲霏 ——微·滂·平

féi 肥腓痱中風腓蟦 ——微·並·平

fěi 匪棐蜚草螽篚誹 ——微·幫·上

悱菲菲薄斐 ——微·滂·上

翡翠 fěi cuì

翡 ——微·並·去

	翠	——微·清·去
fèi	剕(跸)屝芾(蕡)	——微·並·去
	廢芾蔽芾	——月·幫·長入
	肺柿	——月·滂·長入
	吠	——月·並·長入
	沸疿	——物·幫·入
	費	——物·滂·長入
	怫悖也狒	——物·並·入
fēn	分雰饙(餴)	——文·幫·平
	芬氛紛衯棻[①]	——文·滂·平
fén	焚妢汾枌蚡棼鼢鳻濆[②]	
	墳豮羵蕡轒隫	——文·並·平
fěn	粉	——文·幫·上
fèn	奮糞僨	——文·幫·去
	坋忿憤膹	——文·並·上
	分(份)	——文·並·去
fēng	封葑指蕪菁	——東·幫·平
	丰妦峰烽蜂(䗬)鋒	——東·並·平

① 棻,《廣韵》又扶文切,屬並母。

② 鼢濆,《廣韵》又父吻切,屬上聲。

	豐灃葑酆[1]	——冬·滂·平
	風楓猦	——侵·幫·平
féng	馮	——蒸·並·平
	夆逢縫縫合	——東·並·平
	汎汎滛渢	——侵·並·平
fěng	覂反覆也[2]	——談·幫·上
	諷(風)	——侵·幫·去
fèng	賵	——冬·滂·去
	葑菰根	——東·幫·去
	俸	——東·並·去
	奉	——東·並·上
	鳳	——侵·並·去
fōu	紑	——之·幫·平
fǒu	否(不)	——之·幫·上
	缶(缻)	——幽·幫·上
fū	孚(孵)稃郛	——幽·滂·平
	怤泭柎跗	——侯·幫·平
	夫夫子砆碔砆趺鈇袪邞	
	膚	——魚·幫·平

① 豐灃酆,有的古音學家歸東部。

② 覂,《廣韻》方勇切,已屬上聲腫韻。

敷痡荴麩 ——魚·滂·平

fú 涪 ——之·並·平

罘罳 fú sī

罘 ——之·並·平

罳 ——之·心·平

芣苢 fú yǐ

芣 ——之·並·平

苢 ——之·喻·上

孚俘浮烰琈郛莩草也桴

罦蜉枹鼓槌 ——幽·並·平

泭苻符鳧 ——侯·並·平

夫彼也扶枎玞(砆)芙蚨榑 ——魚·並·平

幅福輻葍蝠踾 ——職·幫·入

服箙菔鵩伏茯鞦(紱)

匐犕 ——職·並·入

纀(幞襆) ——屋·並·入

紱祓韍黻 ——月·幫·入

袚 ——月·滂·入

芾 ——月·幫·長入

弗柫茀紼 ——物·幫·入

拂沸艴 ——物·滂·入

	佛仿佛①刜彿咈怫鬱也髴	——物・並・入
fǔ	府俯(俛頫)	——侯・幫・上
	拊弣	——侯・滂・上
	腐腑	——侯・並・上
	父男子美稱也斧甫俌脯	
	簠莆黼	——魚・幫・上
	撫	——魚・滂・上
	釜輔鬴	——魚・並・上
fù	負萯婦	——之・並・上
	阜	——幽・並・上
	付	——侯・幫・去
	坿袝蚹軵附駙鮒	——侯・並・去
	賦傅	——魚・幫・去
	父	——魚・並・上
	賻	——魚・並・去
	富	——職・幫・長入
	副	——職・滂・長入
	腹複	——覺・幫・入
	蝮輹覆	——覺・滂・入

① “佛教”的“佛”念 fó,是後起的。

复復馥覆鰒 ——覺・並・入
赴訃 ——屋・滂・長入
縛 ——鐸・並・入

G

gāi	侅垓(晐)姟峐陔荄眩胲	
	赅該	——之·見·平
gǎi	改	——之·見·上
gài	匃(丐)蓋(葢)	——月·見·長入
	漑摡槪(槩)	——物·見·長入
gān	干奸干犯忓矸肝玕竿	
	乾乾溼	——元·見·平
	甘泔苷	——談·見·平
gǎn	笴箭莖也[1]	——歌·見·上
	稈(秆)赶(趕)簳	——元·見·上
	感	——侵·見·上
	敢	——談·見·上
gàn	贛[2]	——冬·見·去
	旰骭幹榦	——元·見·去
	淦	——侵·見·去
	紺詌	——談·見·去

---

① 笴,《廣韻》古我切,屬哿韻;又古旱切,屬旱韻。

② 贛,《廣韻》古送切,今音讀 gòng,義爲賜;又古暗切,屬勘韻,又爲水名。有的古音學家歸談部或侵部。

gāng 扛扛舉杠床前横木也肛矼
缸釭 ——東·見·平
亢頸瓬笐岡(崗)剛綱
犅堽 ——陽·見·平
gāo 高篙膏膏油羔 ——宵·見·平
皋(臯)櫜鼛 ——幽·見·平
gǎo 杲菒槀槁稾(稿)縞 ——宵·見·上
gào 膏膏雨 ——宵·見·去
告祰郜誥 ——覺·見·長入
gē 戈哥滒歌謌牁 ——歌·見·平
胳骼骨骼袼 ——鐸·見·入
割 ——月·見·入
鴿 ——緝·見·入
gé 革煂挳 ——職·見·入
格閣茖蛒骼(髂) ——鐸·見·入
鬲嗝塥隔膈 ——錫·見·入
葛獦轕 ——月·見·入
蛤(龕)鞈鮯閤旁門
頜口① ——緝·見·入

① 頜,今又念 hé。

gě 哿舸 ——歌·見·上
  葛國名;姓 ——月·見·入
  合十合爲一升 ——緝·見·入
  蓋地名;姓 ——葉·見·入
gè 个(個)箇 ——歌·見·去
  各 ——鐸·見·入
gēn 根跟 ——文·見·平
gèn 亘 ——蒸·見·去
  艮卦名 ——文·見·去
gēng 更更改埂浭庚賡鶊羹 ——陽·見·平
  耕(畊) ——耕·見·平
gěng 哽埂梗綆骾鯁緪 ——陽·見·上
  耿 ——耕·見·上
gèng 堩恒上弦𩶘(䱍) ——蒸·見·去
gōng 肱(厷)弓 ——蒸·見·平
  躬(躳)宫 ——冬·見·平
  工攻功公恭供供給龔 ——東·見·平
  觥(觵) ——陽·見·平
gǒng 拱鞏(巩)栱拲蛬輁 ——東·見·上
gòng 供供養 ——東·見·平
  貢羾 ——東·見·去

	共	——東·群·去
gōu	句(勾)枸枸木袧鉤耩	
	溝篝褠韝緱	——侯·見·平
gǒu	苟狗耇笱枸枸杞蚼	——侯·見·上
gòu	垢	——侯·見·上
	姤詬(詢)雊媾構遘覯購	——侯·見·去
	彀穀	——屋·見·長入
gū	姑沽蛄辜酤鴣呱孤罛	
	箛菰(苽)觚軱	——魚·見·平
gǔ	古罟詁嘏盬羖(𦍩)	
	股鼓瞽賈商賈蠱	——魚·見·上
	鵠鵠的	——覺·見·入
	谷穀轂	——屋·見·入
	骨汩(滑)鶻鶻鳩	——物·見·入
gù	固故痼錮雇(僱)顧	——魚·見·去
	梏牿	——覺·見·入
guā	瓜	——魚·見·平
	緺騧	——歌·見·平
	刮括栝萿鴰	——月·見·入
	劀	——質·見·入
guǎ	寡冎(剮)	——魚·見·上

guà	挂(掛)卦絓罣詿	——支·見·去
guāi	乖	——支·見·平
guǎi	丫罫	——支·見·上
guài	怪	——之·見·去
	夬廥髺	——月·見·长入
guān	官倌棺觀關冠	——元·見·平
	瘝鰥(矜)①綸綸巾莞莞蒲	——文·見·平
guǎn	管筦通"管"琯痯悹錧	——元·見·上
	館②	——元·見·上
guàn	毌貫灌瓘爟觀樓觀鸛	
	盥丱串習也冠冠軍	——元·見·去
	涫悹祼矔	——元·見·去
guāng	光洸	——陽·見·平
guǎng	廣獷	——陽·見·上
guàng	桄卝(礦)	——陽·見·平
guī	龜	——之·見·平
	圭珪室袿邽閨規嫢	
	摫瞡	——支·見·平
	嬀	——歌·見·平

① 矜,今又念 jīn,《廣韻》居陵切;又念 qín,《廣韻》巨斤切。

② 館,《廣韻》已屬上聲緩韵。

	歸傀傀偉廆瑰（瓌）螝騩	——微·見·平
guǐ	宄杋氿軌匭簋晷	——幽·見·上
	庋（庪）	——支·見·上
	蟡	——歌·見·上
	癸湀	——脂·見·上
	鬼佹攱祪蛫陒詭[①]	——微·見·上
	姽嫿 guǐ huà	
	姽	——微·見·上
	嫿	——錫·匣·入
guì	桂	——支·見·去
	跪	——微·群·上
	檜檜樹劊襘禬劌鱖	——月·見·長入
	貴氜（刉）	——物·見·長入
	匱（櫃）鞼	——物·群·長入
gǔn	丨袞緄鯀（鮌）輥橐	——文·見·上
guō	過過逾楇緺鍋車缸	——歌·見·平
	蟈（蟈）	——職·見·入
	郭崞	——鐸·見·入
	彉（彍）	——鐸·溪·入

① “佹垝跪”等從“危”得聲的字，有的古音學家歸入歌部或支部。

	聒	——月·見·入
guó	國馘[1]膕	——職·見·入
	虢	——鐸·見·入
guǒ	果裹蜾	——歌·見·上
	椁(槨)	——鐸·見·入
guò	過過錯	——歌·見·平

① 馘,《廣韻》又虛域切,念 xù。

H

hái	咳(孩)[1]頦骸	——之・匣・平
hǎi	海醢	——之・曉・上
hài	亥駭(絯)	——之・匣・上
	害	——月・匣・長入
hān	犴獄犴鼾	——元・曉・平
	酣	——談・匣・平
hán	寒韓邗虷	——元・匣・平
	含琀函涵蜬圅	——侵・匣・平
	邯鄲 hán dān	
	邯	——談・匣・平
	鄲	——元・端・平
hǎn	罕厂	——元・曉・上
	闞(㘎)虎聲	——談・曉・上
hàn	旱悍睅	——元・匣・上
	汗扞捍閈釬骭翰瀚輚	——元・匣・去
	漢熯暵	——元・曉・去
	撼頷蜭	——侵・匣・上

① 咳,現有幾種讀法,念 hái 是小孩笑貌的意思,古又作"孩",如《老子》二十章:"爲嬰兒之未孩。"小孩之孩是後起的。

	菡萏 hàn dàn	
	菡	——談・匣・上
	萏	——談・定・上
	憾琀	——侵・匣・去
hāng	炕張開	——陽・曉・平
háng	行行列桁桁楊眆（翃）笐苀	
	迒杭斻蚢航頏（肮）魧	——陽・匣・平
hàng	沆	——陽・匣・去
hāo	薅（茠）	——幽・曉・平
	蒿嚆藃	——宵・曉・平
háo	嗥（獋）	——幽・匣・平
	豪毫濠譹號	——宵・匣・平
hǎo	好好壞	——幽・曉・上
	郝	——鐸・曉・入
hào	好喜好	——幽・曉・去
	浩晧澔皞（皡）	——幽・匣・上
	鄗滈鄗鎬鰝昊顥灝①	——宵・匣・上
	耗蒿	——宵・曉・去
	号（號）	——宵・匣・去

① 顥灝，有的古音字學家歸入幽部。

hē	呵訶	——歌·曉·去
	欱(喝)	——緝·曉·入
hé	何荷河禾和盉龢	——歌·匣·平
	劾核閡[1]	——職·匣·入
	涸貉一丘之貉貈	——鐸·匣·入
	曷蝎鶡髑	——月·匣·入
	覈(礉)翮	——錫·匣·入
	紇麧(齕)	——物·匣·入
	合部閤頜	——緝·匣·入
	盍(盇)嗑多言也闔	——葉·匣·入
hè	荷負荷	——歌·匣·上
	賀和應和	——歌·匣·去
	鬻睢鶴	——藥·匣·入
	赫嚇怒其聲壑	——鐸·曉·入
	褐	——月·匣·入
hēi	黑	——職·曉·入
hén	痕鞎	——文·匣·平
hěn	佷很(狠)	——文·匣·上
hèn	恨	——文·匣·去

① 閡,《廣韻》又餓耐切,屬疑母。

hēng	亨	——陽·曉·平
héng	姮姮娥恒	——蒸·匣·平
	珩桁葬具胻衡蘅横縱横	——陽·匣·平
hèng	横横逆	——陽·匣·平
hōng	薨	——蒸·曉·平
	啕烘	——東·曉·平
	轟訇訇輷	——耕·曉·平
hóng	弘宏竑耾鞃紘閎	——蒸·匣·平
	泓	——蒸·影·平
	紅虹[①]訌鴻洪	——東·匣·平
	黌	——陽·匣·平
hòng	澒	——東·匣·上
	訌	——東·匣·平
	閧(鬨)	——東·匣·去
hōu	齁	——侯·曉·平
hóu	侯喉猴篌餱(糇)鯸蝂	——侯·匣·平
hǒu	呴(吼)	——侯·曉·上
hòu	候堠逅	——侯·匣·去
	厚后郈後	——侯·匣·上

① 虹，今口語又讀 jiàng。

hū　呼垺虍虖嘑謼戱於戲芋通"幠"

幠(憮)大也膴　——魚·曉·平

乎　——魚·匣·平

忽惚昒曶芴　——物·曉·入

hú　胡湖瑚餬鶘弧狐壺　——魚·匣·平

斛縠瀔　——屋·匣·入

觳觫 hú sù

觳　——屋·匣·入

觫　——屋·心·入

鹄　——覺·匣·入

抇　——質·匣·入

搰　——物·匣·入

hǔ　虎琥滸　——魚·曉·上

hù　瓠　——魚·匣·平

户昈扈岵怙楛楛樹祜鄠　——魚·匣·上

互沍(冱)枑嫮(嫭)　——魚·匣·去

設(㱿)縠　——屋·曉·入

濩護韄鳠　——鐸·匣·長入

笏寣　——物·曉·入

huā　華(华)　——魚·曉·平

huá　華光華譁鏵驊　——魚·匣·平

	滑猾蝟鰨	——物·匣·入
huà	匕化[①]	——歌·曉·平
	華華山	——魚·匣·平
	畫劃嫿	——錫·匣·長入
	話	——月·匣·長入
huái	踝	——歌·匣·平
	懷淮槐徊	——微·匣·平
huài	壞[②]	——微·匣·平
huān	懽歡讙驩鸛貆(貛)貛子	——元·曉·平
huán	垸梡洹桓萱狟絙貆萑(藿) 圜還返也寰鐶闤鬟環繯鹮鍰	——元·匣·平
huǎn	緩	——元·匣·上
huàn	患[③]	——元·匣·平
	浣睆鯇澣	——元·匣·上
	奐渙煥喚漶	——元·曉·去
	換幻逭宦豢擐轘	——元·匣·去
huāng	荒肓衁	——陽·曉·平
huáng	皇徨喤惶湟隍遑煌蝗篁	

---

① 化,《廣韻》呼霸切,已屬去聲禡韻。

② 壞,《廣韻》胡怪切,已屬去聲怪韻。

③ 患,《廣韻》胡慣切,已屬去聲諫韻。

餭騜黄潢璜簧蟥鐄 ——陽·匣·平

huǎng 怳惝怳爌(熿)謊 ——陽·曉·上

怳忽 huǎng hū

怳(恍慌) ——陽·曉·上

忽(惚) ——物·曉·入

晃(晄)明也 ——陽·匣·上

huī 灰 ——之·曉·平

恢詼 ——之·溪·平

撝隳(墮)麾 ——歌·曉·平

揮煇(輝)暉𤞤翬①徽褘佩巾 ——微·曉·平

虺隤 huī tuí

虺 ——微·曉·平

隤 ——微·定·平

huí 蛕(蛔) ——之·匣·平

回徊低徊恛洄迴 ——微·匣·平

huǐ 悔② ——之·曉·上

毁燬檓𤈦 ——微·曉·上

虫(虺) ——微·曉·上

huì 賄晦誨 ——之·曉·上

---

① 以上幾個從“軍”的字早期當屬文部。

② 悔,《廣韻》又荒内切,去聲。

	恚	——支・影・去
	彙	——歌・匣・去
	匯瘣	——微・匣・上
	諱卉(芔)	——微・曉・去
	會繪彗篲槥慧[①]譓	——月・匣・長入
	喙噦噦噦,鈴聲濊顪翽	——月・曉・長入
	薈穢薉	——月・影・長入
	叀惠憓蕙蟪譿	——質・匣・長入
	蟪蛄 huì gū	
	蟪	——質・匣・去
	蛄	——魚・見・平
	靧	——物・曉・長入
	潰(殨)潰膿繢膭闠	——物・匣・長入
hūn	昏婚惛(惽)殙涽閽葷	——文・曉・平
hún	魂渾楎餫	——文・匣・平
hùn	混焜掍棍	——文・匣・上
	圂溷慁(慁)	——文・匣・去
huō	騞	——錫・曉・入
	豁豁口	——月・曉・入

① 慧彗槥,《廣韵》于歲切,又祥歲切,舊讀 suì。

huó	佸姡活	——月·匣·入
huǒ	夥(䂸)	——歌·匣·上
	火	——微·曉·上
huò	貨	——歌·曉·去
	禍	——歌·匣·上
	或掝惑	——職·匣·入
	蠖臛	——鐸·影·入
	霍藿濩矐(曤)膗(臛)	——鐸·影·入
	蒦嚄大呼,大笑濩獲擭檴穫鑊	——鐸·匣·入
	豁豁達泧(濊)	——月·曉·入

J

jī	基朞(期)稘箕錤姬丌(其)	——之·見·平
	雞(鷄)	——支·見·平
	奇奇數畸觭羇羈	——歌·見·平
	肌飢笄稽稽考,稽留几机枅	——脂·見·平
	躋齏隮齎賫(賷)	——脂·精·平
	嵇	——脂·匣·平
	剞劂 jī jué	
	剞①	——歌·見·平
	劂(剧)	——月·群·入
	幾庶幾嘰機磯璣禨	
	譏鐖饑鞿	——微·見·平
	畿	——微·群·平
	敫激	——藥·見·入
	積襀勣績蹟蹟迹(跡)	——錫·精·入
	毄墼擊轚	——錫·見·入
	屐	——錫·群·入
	芨	——緝·見·入
jí	亟急亟極殛棘蕀革急也	——職·見·入

① 剞,《廣韻》又謹倚切,群母,上聲。

	極	——職・群・入
	踖	——鐸・精・入
	耤籍藉	——鐸・精・入
	脊[1]蹐鶺	——錫・精・入
	塉膌(瘠)	——錫・從・入
	即堲蝍	——質・精・入
	吉佶姞	——質・見・入
	詰詰屈	——質・溪・入
	疾偀(嫉)槉	——質・從・入
	蒺藜 jí lí	
	蒺	——質・從・入
	藜(蔾)	——脂・來・平
	楫湒緝緝捕	——緝・精・入
	亼集輯	——緝・從・入
	及笈	——緝・群・入
	急伋汲汲級	——緝・見・入
	岌圾	——緝・疑・入
	戢	——緝・莊・入
jǐ	己紀姓	——之・見・上

① 脊,今又讀 jǐ。

	掎	——歌・見・上
	麂(麐)	——脂・見・上
	濟(泲)濟水 擠	——脂・精・上
	幾蟣穖	——微・見・上
	戟撠	——鐸・見・入
	脊	——錫・精・入
	給供給	——緝・見・入
jì	紀紀事	——之・見・上
	記	——之・見・去
	忌惎諅鵋基	——之・群・去
	跽(䐈)	——之・群・上
	伎技妓	——支・群・上
	芰	——支・群・去
	寄徛	——歌・見・去
	騎騎乘	——歌・群・去
	濟	——脂・精・上
	霽穧	——脂・精・去
	薺	——脂・從・上
	劑嚌癠	——脂・從・去
	冀驥	——脂・見・去
	覬	——微・見・去

覬覦 jì yú

覬[1] ——微・見・去

覦 ——侯・影・平

稷稯 ——職・精・入

洎垍悸痵 ——質・群・長入

檕繫粗絮蘻檵繼 ——錫・見・長入

祭際穄褮 ——月・精・長入

薊罽彐(彑)紒 ——月・見・長入

寂(宋) ——覺・從・入

計髻季 ——質・見・長入

旡既(旣)概蔇 ——物・見・長入

暨臮塈蟿 ——物・群・長入

jiā 家葭豭(猳)貑麚 ——魚・見・平

佳 ——支・見・平

加茄荷莖也枷珈痂笳

耞嘉 ——歌・見・平

夾夾持,夾帶浹梜 ——葉・見・入

jiá 扴揳扴硈 ——月・見・入

戛(拮) ——質・見・入

① 覬,有的古音學家歸脂部。

	袷跲	——緝·群·入
	郟莢蛺詼鋏頰	——葉·見·入
jiǎ	叚假真假[①]假椵瑕瘕	
	賈檟(榎)斝	——魚·見·上
	甲	——葉·見·入
	幏嫁稼價	——魚·見·去
	駕架	——歌·見·去
jiān	閒(間)中間奸(姦)菅葌蕑	
	犍靬鞬肩幵豣(猏)	——元·見·平
	煎湔戔淺淺淺,流水聲㡐箋籛	——元·精·平
	堅	——真·見·平
	艱(囏)	——文·見·平
	椷瑊(玪)緘	——侵·見·平
	熸	——侵·精·平
	監監察礛兼蒹縑鶼鰜	——談·見·平
	漸漸染蔪麥芒𢦏瀸殲櫼	——談·精·平
jiǎn	柬揀蹇謇簡蘭(璽)趼	——元·見·上
	揃翦(剪)鬋譾孨帴錢農具	——元·精·上
	戩	——真·精·上

① "休假"的假,念 jià 是後起的。

	減	——侵·見·上
	檢撿臉瞼	——談·見·上
	儉	——談·群·上
jiàn	閒(間)間隔澗瞷鐧諫建見	——元·見·去
	件鍵楗	——元·群·上
	健腱	——元·群·去
	箭揃薦濺	——元·精·去
	俴諓踐	——元·從·上
	賤餞	——元·從·去
	荐洊栫	——文·從·去
	僭(譖)	——侵·精·去
	劍監水監鑑(鑒)	——談·見·去
	檻艦轞	——談·匣·上
	漸漸進螹鏩	——談·從·上
jiāng	江茳	——東·見·平
	將扶也,助也漿螿蔃	——陽·精·平
	畺僵橿殭疆繮(韁)薑姜	——陽·見·平
	鱷	——陽·群·平
jiǎng	獎蔣	——陽·精·上

	講①	——東・見・上
jiàng	將將帥醬	——陽・精・去
	匠	——陽・從・去
	彊(犟)	——陽・見・去
	洚降絳	——冬・見・去
	虹②	——東・見・去
jiāo	膠轇艽	——幽・見・平
	交郊茭蛟鮫鵁教澆	
	嬌憍鷮驕懒	——宵・見・平
	焦嶕噍燋膲蟭蕉鷦	——宵・精・平
	僬僥 jiāo yáo	
	僬(焦)	——宵・精・平
	僥	——宵・疑・平
	姣	——宵・見・上
	椒③	——覺・精・入
jiáo	嚼	——藥・從・入
jiǎo	湫湫隘	——幽・精・上
	糾窈糾	——幽・見・上

① “講”字從“冓”聲,有的古音學家入侯部。

② 虹,又胡籠切,念 hóng。

③ 椒,《廣韻》即消切,已屬平聲宵韻。

攪[①] ——覺・見・入

佼狡皎(晈)絞挍鉸敿矯蟜

皦譑蹻敫徼術取也繳噭 ——宵・見・上

僥倖 jiǎo xìng

僥(儌僥) ——宵・見・上

倖(倖幸) ——耕・匣・上

剿 ——宵・精・上

勦(剿)[②] ——宵・精・平

角[③] ——屋・見・入

脚(腳) ——鐸・見・入

jiào 校考校較徼巡也,循也噭獥警

教教訓丩窌窖訆(叫) ——宵・見・去

轎嶠[④] ——宵・群・去

醮潐 ——宵・精・去

噍趭 ——宵・從・去

斠 ——屋・見・入

覺寤也 ——覺・見・長入

灂皭釂 ——藥・精・長入

---

① 攪,《廣韻》古巧切,已屬上聲巧韵。

② 剿,《廣韻》子小切,已屬上聲小韵,精母。

③ 角脚,今又讀 jué。

④ 嶠,又念 qiáo,《廣韻》奇遥切,平聲。

jiē	痎䊌	——之·見·平
	街	——支·見·平
	嗟嗟乎[①]	——歌·精·平
	皆喈階湝稭	——脂·見·平
	揭	——月·見·入
	結結實秸鴶	——質·見·入
	倢接椄	——葉·精·入
jié	孑訐羯潔挈	——月·見·入
	偈疾也,用力貌楬渴(竭)碣	
	桀傑榤	——月·群·入
	截	——月·從·入
	姞結結繩袺鮚髻	——質·見·入
	拮据 jié jū	
	拮	——質·見·入
	据	——魚·見·平
	桔槔 jié gāo	
	桔	——質·見·入
	槔	——幽·見·平
	劼蛣詰反詰	——質·溪·入

① 嗟，今又念 juē。

頡倉頡 ——質·匣·入

節(卩)楶 ——質·精·入

䌌 ——緝·從·入

衱(袷)拾輪流 ——緝·群·入

嶕 ——緝·從·入

劫 ——葉·見·入

疌捷婕 ——葉·從·入

睫(䀹)萐 ——葉·精·入

婕妤 jié yú

　婕(倢) ——葉·精·入

　妤(伃) ——魚·喻·平

jiě 姐 ——魚·精·上

解解牛 ——支·見·上

jiè 戒悈誡 ——職·見·長入

借 ——鐸·精·長入

藉 ——鐸·從·入

介价价人芥玠界疥蚧駘㝏犗 ——月·見·長入

届艐 ——质·見·長入

jīn 津 ——真·精·平

	矜矜持①	——真・見・平
	巾斤筋劤釿	——文・見・平
	今金禁衿(襟衿)紟	——侵・見・平
	祲綅	——侵・精・平
jǐn	巹②	——蒸・見・上
	臤緊	——真・見・上
	堇槿謹	——文・見・上
	僅(勵)廑瑾饉③	——文・群・上
	錦	——侵・見・上
jìn	勁有勁④	——耕・見・去
	進璡晋(晉)搢縉鄑	——真・精・去
	盡	——真・從・上
	𦘒燼濜藎賮(贐)	——真・邪・去
	靳	——文・見・去
	近	——文・群・上
	墐慬覲殣	——文・群・去
	祲	——侵・精・平

① 矜,《廣韻》居陵切,屬蒸韻。

② 巹,《廣韻》居隱切,已屬隱韻。

③ “僅……”四字,《廣韻》渠遴切,屬震韻,去聲。

④ 勁,《廣韻》居焮切,已屬焮韻。

	浸寖濅	——侵·精·去
	唫	——侵·群·上
	噤	——侵·群·去
	禁禁止僸	——侵·見·去
jīng	兢	——蒸·見·平
	京麠(麖)更五更秔(稉粳)	——陽·見·平
	鯨(鱷)	——陽·群·平
	巠涇經荆驚	——耕·見·平
	莖	——耕·匣·平
	睛菁精蜻鶄鯖晶旌(旍)	——耕·精·平
jǐng	景憬	——陽·見·上
	頸①	——耕·見·平
	儆憼璥警剄	——耕·見·上
	井	——耕·精·上
	阱(穽)	——耕·從·上
jìng	境	——陽·見·上
	竟鏡	——陽·見·去
	倞競傹	——陽·群·去
	敬勁徑逕葝	——耕·見·去

① “頸”在《廣韻》有平、上兩讀：巨成切，又居郢切。

	痙	——耕·群·上
	脛	——耕·匣·去
	竫婧靖靜	——耕·從·上
	淨(淨)靚	——耕·從·去
jiōng	冂(坰)扃駉	——耕·見·平
jiǒng	冏炯炅熲囧[①]	——耕·見·上
	絅褧	——耕·溪·上
	迥泂迥	——耕·匣·上
	窘僒	——文·群·上
jiū	鬮	——之·見·平
	丩糾赳鳩樛(朻)摎捄捊也	——幽·見·平
	究[②]	——幽·見·去
	啾揫(揪)	——幽·精·平
jiǔ	久玖灸	——之·見·上
	九韭	——幽·見·上
	酒	——幽·精·上
jiù	疚	——之·見·去
	舊柩(匶)	——之·群·去
	救捄通"救"𣪘廄(廐)	——幽·見·去

① 囧,有的古音學家歸陽部。

② 究,舊讀 jiù,《廣韵》居祐切,屬去聲宥韵。

	臼桕舅咎	——幽·群·上
	就鷲	——覺·從·長入
	僦	——覺·精·長入
jū	拘痀跔駒	——侯·見·平
	泃	——侯·見·去
	車居崌据椐琚裾腒鶋	——魚·見·平
	苴苴麻狙罝蛆蝍蛆	——魚·精·平
	疽岨砠趄鴡	——魚·清·平
	雎鳩 jū jiū	
	雎	——魚·清·平
	鳩	——幽·見·平
jú	匊(掬)椈鞠(踘)鞫鵴	——覺·見·入
	挶梮	——屋·見·入
	菊	——覺·見·入
	蓻	——屋·見·入
	局侷跼駶	——屋·群·入
	狊郹湨鶪(鵙)	——錫·見·入
	橘	——物·見·入
	莒筥柜柜柳拒方陣矩榘舉簴	
	萬踽	——魚·見·上
	咀沮沮止	——魚·從·上

齟齬 jǔ yǔ

齟 ——魚·從·上

齬 ——魚·疑·上

枸枳枸蒟椇 ——侯·見·上

jù 窶 ——侯·群·上

句約屨 ——侯·見·去

豦踞據倨踞鋸 ——魚·見·去

巨岠拒炬秬苣距鉅詎歫粔

蚷艍駏虡蘧鐻蘧 ——魚·群·上

遽醵瞿驚視也懼 ——魚·群·去

怚菹 ——魚·精·去

跙 ——魚·從·上

俱具① ——侯·見·平

沮洳 jù rù

沮 ——魚·精·去

洳 ——魚·日·去

聚 ——侯·從·上

劇 ——鐸·群·入

---

① 具,《廣韵》其遇切,屬群母去聲遇韵。

juān	涓稍鵑[①]	——元·見·平
	娟	——元·影·平
	捐	——元·喻·平
	鐫(鎸)	——元·精·平
	朘	——文·精·平
juǎn	卷收也捲錈菤	——元·見·上
juàn	卷書卷帣囊也眷睠絭桊(棬)	
	絹罥狷獧	——元·見·去
	睊[②]	——元·見·平
	圈蜎孑孓	——元·群·上
	倦券勌惓病危	——元·群·去
	雋(隽)	——元·從·上
	鄄	——文·見·去
juē	嗟嗟乎	——歌·精·平
	屩草鞋	——藥·見·入
jué	覺梏正直	——覺·見·入
	爵爝[③]	——藥·精·入
	嚼	——藥·從·入

① 鵑,《廣韵》古玄切,已與"涓"同音,屬先韵。

② 睊,《廣韵》古縣切,已屬去聲霰韵。

③ 爝,《廣韵》又在爵切,屬從母。

角捔桷珏觳穀 ——屋・見・入
矍攫玃玃(貜)蠼躩钁 ——鐸・見・入
噱大笑臄戄 ——鐸・群・入
決抉玦蚗趹駃訣觖鴂厥劂
傶嶡撅瘚蕨蟨蹶(蹷) ——月・見・入
駃騠 jué tí
　駃 ——月・見・入
　騠 ——支・定・平
橛闕 ——月・群・入
蕝(蕝) ——月・精・入
絶 ——月・從・入
僪潏譎鐍 ——質・見・入
剧鴡 ——物・見・入
倔倔起崛掘裾 ——物・群・入
jūn 均汮袀鈞 ——真・見・平
軍皸君麇麕麏 ——文・見・平
龜龜裂 ——之・見・平
jùn 濬 ——真・心・去
竣 ——文・精・平
菌箘腘莙(窘) ——文・群・上
捃攟(攈) ——文・見・去

郡 ——文·群·去

俊(儁)葰焌晙畯駿餕 ——文·精·去

浚峻陖鵕 ——文·心·去

K

kāi	揩	——脂·溪·平
	開	——微·溪·平
kǎi	楷鍇	——脂·溪·上
	剴①	——微·見·平
	凱塏愷鎧闓颽②	——微·溪·上
	輆	——之·溪·上
kài	慨嘅	——物·溪·長入
	欬(咳)	——之·溪·去
	愒貪也	——月·溪·長入
	愾	——微·溪·去
kān	看看守刊栞	——元·溪·平
	堪勘③戡龕	——侵·溪·平
kǎn	侃	——元·溪·上
	埳顑歁鍖	——侵·溪·上
	凵坎埳欿	——談·溪·上
	坎坷 kǎn kě	

① 剴,《廣韻》古哀切,又五哀切。

② 凡從"豈"得聲的字,有的古音學家歸脂部。

③ 勘,《廣韻》已讀去聲,苦紺切,屬勘韻。

坎（埳轁） ——談·溪·上

坷（轲） ——歌·溪·上

kàn 看看見鶤 ——元·溪·去

衎 ——元·溪·上

瞰闞矙峆 ——談·溪·去

kāng 康穅（糠）砊 ——陽·溪·平

㝩㝗 kāng láng

㝩（閌槺） ——陽·溪·平

㝗（閬梁） ——陽·來·平

kǎng 慷慨 kǎng kǎi

慷（忼） ——陽·溪·上

慨 ——物·溪·入

kàng 亢高也抗炕犺阬閌 ——陽·溪·去

伉儷 kàng lì

伉 ——陽·溪·去

儷 ——支·來·去

kāo 尻（髛） ——幽·溪·平

kǎo 考攷栲丂 ——幽·溪·上

犒 ——宵·溪·上

kào 靠 ——覺·溪·長入

犒槀 ——宵·溪·去

kē	柯	——歌・見・平
	珂軻孟軻科蝌(牠)窠薖	——歌・溪・平
	苛	——歌・匣・平
	顆	——歌・溪・上
	髁	——歌・溪・去
	疴(痾)①	——歌・影・平
	磕(礚)榼	——葉・溪・入
ké	咳咳嗽	——之・溪・去
	殼	——屋・溪・入
kě	可坷軻坎軻敤	——歌・溪・上
	渴嵑嶱毼潵	——月・溪・入
kè	堁課騍	——歌・溪・去
	刻克尅(剋)	——職・溪・入
	客恪(愙)峈	——鐸・溪・入
	溘匼	——葉・溪・入
kěn	肯(肎)②	——蒸・溪・上
	墾懇豤齦嚙也	——文・溪・上
kēng	坑阬	——陽・溪・平
	硜牼誙	——耕・溪・平

① 疴(痾),舊讀 ē。

② 肯,舊讀 kěng。

	硜(硻)鏗[①]	——真·溪·平
kōng	空崆悾	——東·溪·平
	箜篌 kōng hóu	
	箜	——東·溪·平
	篌	——侯·匣·平
kǒng	孔恐	——東·溪·上
	倥傯 kǒng zǒng	
	倥	——東·溪·上
	傯	——東·精·上
kòng	空使空	——東·溪·平
	控	——東·溪·去
kōu	彄摳芤	——侯·溪·平
kǒu	口	——侯·溪·上
kòu	叩釦	——侯·溪·上
	佝瞀 kòu mòu	
	佝	——侯·溪·上
	瞀	——侯·明·去
	扣(敂)寇鷇	——屋·溪·長入
kū	枯刳挎	——魚·溪·平
	哭	——屋·溪·入

① 硜鏗，從"堅"聲，上古屬真部，《廣韻》口莖切，屬耕韻。

	矻堀掘窋窟搰䠇	——物·溪·入
kǔ	苦楛粗惡不堅也	——魚·溪·上
kù	庫絝(袴)	——魚·溪·去
	硞酷嚳(俈)	——覺·溪·入
kuā	夸侉張大也[①]姱誇	——魚·溪·平
kuà	跨胯	——魚·溪·去
kuǎi	蒯(蔽)	——質·溪·長入
kuài	凷(塊)蕢菜名	——微·溪·去
	會會計儈劊檜澮膾鄶旝	——月·見·長入
	快噲	——月·溪·長入
kuān	寬髖	——元·溪·平
kuǎn	款窾	——元·溪·上
kuāng	匡洭恇筐邼誆	——陽·溪·平
kuáng	㞷狂俇誑軖	——陽·群·平
kuǎng	懭	——陽·溪·上
kuàng	卝[②]礦鑛	——陽·見·上
	壙曠廣爌穬纊(絖)	——陽·溪·去
	況(况)貺軦	——陽·曉·去
kuī	悝	——之·溪·平

① 今"侉子"的"侉"念 kuǎ,是後起的方音。

② 卝,古"礦"字。

	窺闚刲鮭	——支・溪・平
	虧	——歌・溪・平
	巋蘬	——微・溪・平
kuí	逵馗頄頯	——幽・群・平
	奎	——支・溪・平
	睽藈	——脂・溪・平
	葵戣騤夔躨	——脂・群・平
	揆	——脂・群・上
	魁	——微・溪・平
kuǐ	跬（趌頍）頍	——支・溪・上
	魁藏也	——微・溪・上
	蹞踽 kuǐ jǔ	
	蹞	——支・溪・上
	踽	——魚・見・上
kuì	愧（媿）	——微・見・去
	餽	——微・群・去
	憒	——物・見・長入
	喟鬒	——物・溪・長入
	匱櫃簣蕢饋	——物・群・長入
	潰	——物・匣・長入
	聵	——物・疑・入

kūn	昆崑混混夷焜菎琨錕餛騉鯤	
	褌鵾(鶤)翜蚰	——文·見·平
	巛[①]坤趴髡	——文·溪·平
kǔn	悃捆梱稇閫壼	——文·溪·上
kùn	困	——文·溪·去
kuò	廓漷鞹(鞟)霩彍擴	——鐸·溪·入
	括栝栝柏	——月·見·入
	适(适)疾也蛞闊	——月·溪·入

① 巛,古"坤"字,據《玉篇》。

L

lā　拉（擸）拉殺　——緝·來·入
là　刺乖刺瘌臈　——月·來·入
　臘蠟（鑞）　——葉·來·入
lái　來倈徠徂徠崍淶萊郲騋鯠　——之·來·平
lài　徠勞徠　——之·來·平
　勑睞賚　——之·來·去
　賴瀨籟藾　——月·來·長入
lán　闌讕瀾（漣）欄蘭籣（韊）讕　——元·來·平
　婪（惏）　——侵·來·平
　厱藍籃鬣　——談·來·平
　襤褸 lán lǚ
　　襤　——談·來·平
　　褸　——侯·來·上
lǎn　嬾（懶）　——元·來·上
　壈坎壈　——侵·来·上
　覽攬（擥）擥　——談·來·上
làn　爛瀾糷　——元·來·去
　濫嚂爁　——談·來·去
láng　狼廊郎琅（瑯）桹硠稂筤莨

	蜋閬門高也羹不羹，地名	——陽·來·平
	鋃鐺 láng dāng	
	鋃	——陽·來·平
	鐺	——陽·端·平
lǎng	朗	——陽·來·平
làng	閬地名	——陽·來·平
	浪莨莨菪罠	——陽·來·去
láo	牢哰浶啷嫪醪	——幽·來·平
	勞癆螃譤潦(澇)水名	——宵·來·平
lǎo	老恅	——幽·來·上
	潦水潦蓀轑	——宵·來·上
lào	嫪	——幽·來·去
	澇	——宵·來·平
	絡落酪①	——鐸·來·入
lè	仂扐朸肋玏艻阞勒泐	——職·來·入
	樂快樂	——藥·來·入
léi	羸	——歌·來·平
	雷(靁)櫑嫘縲樏欙蘽 (虆)儡壘(瓃)轠	——微·來·平

① 絡落，今又讀 luò。

lěi 耒誄磊壘罍藟藟鸓累(絫)積累
傫纍漯(灅) ——微·來·上

lèi 累勞累 ——微·來·上
肋肋骨 ——職·來·入
淚[①] ——質·來·長入
酹 ——月·來·長入
纇類禷纇蘱 ——物·來·長入

léng 棱(稜) ——蒸·來·平

lěng 冷 ——耕·來·上

lí 斄嫠犛釐貍(狸) ——之·來·平
罹通"罹"鱺醨鸝纚驪蠡
蠡劙 ——支·來·平
杝离離樆漓璃褵縭醨蘺罹 ——歌·來·平
梨(棃)犂黎蔾藜鵹鵹鯬 ——脂·來·平

lǐ 李里俚理裏鯉 ——之·來·上
蠡蠡縣欚 ——支·來·上
邐迤 lǐ yí
邐 ——支·來·上
迤(迆) ——歌·影·平
豊澧禮醴鱧 ——脂·來·上

① 淚,有的古音學家歸脂部。

lì	吏	——之·來·去
	丽麗美麗儷攦欐蘺躧	
	酈覼詈	——支·來·去
	沴[①]	——文·來·去
	力	——職·來·入
	濼皪櫟礫瓅躒轢觻	——藥·來·入
	秝厤歷曆櫪瀝癧轣靂	
	鬲鼎屬翮	——錫·來·入
	珕荔颲	——錫·來·入
	厲勵癘礪	——月·來·入
	例痢砅濿糲(糲)	——月·來·長入
	栗塛慄溧篥鷅	——質·來·入
	利涖莅浰戾唳寒凉淚猔悷綟	
	莀隸[②]	——質·來·長入
	立粒笠苙鴗	——緝·來·入
lián	連蓮謰蹥鏈鰱聯瀟	——元·來·平
	漣猗 lián yī	
	漣	——元·來·平
	猗(漪)	——歌·影·平

① 沴,《廣韵》郎計切,已屬霽韵。

② 戾唳隸,有的古音學家歸入脂部。

	憐零先零	——真・來・平
	廉慊磏(䭑)蘞螊(蠊)簾鎌(鐮)鬑溓(濂)籢匳(奩)	——談・來・平
liǎn	璉(槤)連雙生子	——元・來・上
	斂(歛)蘞撿臉蘝溓	——談・來・上
liàn	煉楝涑蝀練鍊戀	——元・來・去
liáng	良俍粮蜋量思量糧涼椋輬粱粱	——陽・來・平
liǎng	㒳兩蜽緉裲魎(閬)	——陽・來・上
liàng	倞諒亮悢踉	——陽・來・去
	量重量	——陽・來・平
liáo	聊翏寥嵺憀漻飂	——幽・來・平
	尞僚寮嫽嶛撩燎獠繚療璙簝鐐遼鷯膋	——宵・來・平
liǎo	蓼水蓼鄝	——幽・來・上
	了了結衦橑憭瞭	——宵・來・上
liào	廖①	——幽・來・平
	料	——宵・來・去
liè	列冽洌烈栵茢蛚迾裂颲鴷	

① 廖,《廣韵》有兩讀:用于人名,落蕭切,屬平聲蕭韵;用于姓氏,力救切,屬去聲嘯韵。

	劣埒脟	——月・來・入
	鬣擸獵犣邋躐鬛	——葉・来・入
lín	粦粼鄰嶙燐獜磷璘遴瞵轔	
	驎麟鱗	——真・來・平
	麐	——文・來・平
	林淋啉惏痳碄琳綝綝纚	
	霖臨	——侵・來・平
	橉門檻	——真・來・上
lǐn	亩稟凜廩懍菻	——侵・來・上
lìn	閵藺躪轥	——真・來・去
	吝（𠓵悋）	——文・來・去
	賃	——侵・泥・去
líng	夌淩凌倰陵蔆（菱）綾	
	稜鯪	——蒸・來・平
	令使[1]伶泠岭笭苓玲瓴聆岺舲	
	翎蛉零鈴軨鴒齡霝靈櫺蘦酃	——耕・來・平
	囹圄 líng yǔ	
	囹	——耕・來・平
	圄（圉）	——魚・疑・上

① “令”及從“令”聲的字，有的古音學家歸真部。

lǐng 領 ——耕・來・上

lìng 令善 ——耕・來・平

liú 流(㳅)琉旒瑬留瘤瑠鎦餾
騮(駠)鶹䬟劉瀏懰藰𡅅蟉
䚧鏐飀斿 ——幽・來・平

liǔ 柳綹罶 ——幽・來・上

liù 橊塯廇溜霤餾鷚 ——幽・來・去
六 ——覺・來・入

lóng 隆癃 ——冬・來・平
龍嚨寵瀧櫳瓏礱礲蘢籠盛土器也
聾蠪襱龓鸗 ——東・來・平

lǒng 壠(壟)蘢蘢茸隴 ——東・來・上
籠舉也 ——東・來・平

lòng 梇梇棟,地名 ——東・來・去

lóu 婁廔摟漊樓寠耬膢蔞螻褸謱
鞻髏 ——侯・來・平

lǒu 塿嶁簍甊 ——侯・來・上

lòu 瘻鏤扇漏陋陋 ——侯・來・去

lú 盧廬蘆壚瀘爐櫨臚矑艫纑
籚鑪轤顱鸕黸旅 ——魚・來・平

lǔ 虜鹵滷魯櫓(樐) ——魚・來・上

lù	圥坴陸鯥翏僇勠	
	蓼長大貌戮	——覺・來・入
	录禄菉逯渌琭睩綠綠林錄	
	簶趢騄鹿漉摝麗螰麓簏	——屋・來・入
	路輅簬潞璐簵蕗露鷺	——鐸・來・長入
luán	䜌巒孿孌灓欒攣羉鑾臠鸞	——元・來・平
luǎn	卵	——元・來・上
luàn	𤔔亂	——元・來・去
lún	侖(崙)倫淪掄掄選綸	
	蜦(蜦)輪論論語鯩	——文・來・平
lùn	論議論	——文・來・平
luō	捋取也	——月・來・入
luó	羅蘿蠃(螺)鸁	——歌・來・平
luǒ	倮裸躶臝蠡蓏	——歌・來・上
luò	犖濼濼水爍礫躒	——藥・來・入
	洛落硌珞雒絡鉻䩣	
	鮥鵅駱(橐)	——鐸・來・入
lǘ	閭䕡蘆驢	——魚・來・平
lǚ	僂背曲也，疾速也①漊褸縷	——侯・來・上

① 今“佝僂”之“僂”念 lóu，是後起的。

	屢	——侯・來・去
	吕侣梠郘旅膂儢	——魚・來・上
	履	——脂・來・上
lù	緑	——屋・來・入
	慮鑢	——魚・來・去
	律葎葎率法也膟	——物・來・入
lüè	擽	——藥・來・入
	掠略䂮(䂮)蛶蟲蛶	——鐸・來・入
	鋝寽	——月・來・入

M

má	麻	——歌·明·平
	蟆	——魚·明·平
mǎ	馬	——魚·明·上
mà	傌禡罵鬔	——魚·明·去
mái	薶(貍埋)霾	——之·明·平
	䁲	——支·明·平
mǎi	買	——支·明·上
mài	賣	——支·明·去
	麥	——職·明·入
	脈衇(脉)	——錫·明·入
	霢霂 mài mù	
	霢(霡)	——錫·明·入
	霂	——屋·明·入
	邁勱	——月·明·長入
mán	蔄慲樠瞞槾蔓蔓菁謾欺也	
	鰻悗鞔蠻	——元·明·平
mǎn	滿	——元·明·上
màn	曼	——元·明·平
	漫幔嫚墁蔓蔓延慢縵	

	謾謾罵鏝鄤	——元・明・去
	獌狿 màn yán	
	獌(蟃)	——元・明・去
	狿(蜒)	——元・喻・平
máng	龙厖哤牻蛖駹	——東・明・平
	汒宲芒邙茫盲氓民也	
	蝱[①]巟蘉	——陽・明・平
mǎng	蛖莽茻漭蟒	——陽・明・上
māo	貓(猫)	——宵・明・平
máo	矛茅(茆)蟊(蝥)髳(鬏)	——幽・明・平
	毛芼旄髦氂軞	——宵・明・平
mǎo	卯昴茆	——幽・明・上
mào	冃冒媢帽萺瑁貿鄮	
	霿瞀袤楙懋[②]	——幽・明・去
	茂	——幽・明・平
	紦芼眊耄	——宵・明・去
	皃貌	——藥・明・入
méi	媒楳腜梅莓脢禖鋂脄	——之・明・平
	塺麼(縻)	——歌・明・平

---

① 氓,《廣韻》美耕切;蝱,《廣韻》武庚切,《集韻》眉耕切,今又念 méng,見下文。

② 瞀袤楙懋,有的古音學家歸入侯部。

	眉堳湄楣瑂郿麋蘪	——脂·明·平
	枚玫玟玫瑰黴(霉)	——微·明·平
měi	每	——之·明·上
	美媄	——脂·明·上
	浼	——元·明·上
mèi	痗	——之·明·上
	媚篃	——脂·明·去
	妹昧沬眛袜寐魅韎鬽	——物·明·長入
	袂	——月·明·長入
mén	門捫悶沉默瞞璊亹虋	——文·明·平
mèn	悶煩悶	——文·明·平
méng	夢大明儚甍瞢鄸	——蒸·明·平
	冢濛幪(幏)矇蒙艨饛[illegible]	——東·明·平
	萌盟氓甿䖟(䖟)虻莔	——陽·明·平
měng	幪幪幪蠓	——東·明·平
	猛蟒(蜢)黽	——陽·明·上
mèng	夢(瞢)懜鄸[illegible]	——蒸·明·平
	孟	——陽·明·去
mí	麛	——支·明·平
	縻糜靡奢靡攠蘼	——歌·明·平

	彌瀰獼禰[①]迷冞	——脂·明·平
mǐ	芈弭渳	——支·明·上
	靡披靡靡骳	——歌·明·上
	米眯瞇瀰	——脂·明·上
mì	汨幎(冪)冖幂塓幦鼏糸細絲	
	幦覛(覓)	——錫·明·入
	监謐宓密滵蔤祕(秘)密也	
	蜜	——質·明·入
	沕	——物·明·入
mián	綿(緜)矈	——元·明·平
	眠	——真·明·平
miǎn	澠澠池黽同"澠"[②]	——蒸·明·平
	偭勔湎愐緬靦丏不見也沔眄	
	免勉俛浼冕娩(挽)絻鮸[③]	——元·明·上
miàn	面	——元·明·去
	麪	——元·明·上
miáo	苗緢	——宵·明·平
miǎo	杪秒眇䏚篎訬高貌淼淼	——宵·明·上

① 從"爾"得聲的字,有的古音學家歸入支部。

② 黽澠,有的古音學家歸入元部。

③ 從"免"得聲的字,有的古音學字歸文部。

	藐(䫉)邈𢡮	——藥·明·入
miào	妙廟(庿)	——宵·明·去
miè	烕滅搣蔑(薎)幭瀎懱𡾰篾	
	鱴䁾(𥌓)	——月·明·入
	蠛蠓 miè měng	
	蠛	——月·明·入
	蠓	——東·明·上
mín	民岷罠珉緡痻瑉碈	——真·明·平
	旻忞玟美石	——文·明·平
mǐn	敏𢿌	——之·明·上
	泯①	——真·明·平
	皿②	——陽·明·上
	黽勉 mǐn miǎn	
	黽	——陽·明·上
	勉	——元·明·上
	湣敃抿拭也愍笢暋黽	——真·明·上
	閩	——文·明·平
	閔憫簢	——文·明·上
míng	明盟盟誓	——陽·明·平

① 泯,《廣韻》有平、上兩讀,分屬真、軫兩韻。

② 皿,《廣韻》武永切,《集韻》母梗切,舊讀 mǐng。

	名洺眳茗銘鳴冥嫇蓂溟暝	
	鄍瞑螟覭	——耕·明·平
mǐng	酩	——耕·明·上
mìng	命①	——耕·明·平
miù	繆紕繆鷚	——幽·明·平
	謬	——幽·明·去
mó	嫫模②(橅)謨(謩)摹	——魚·明·平
	摩磨劘	——歌·明·平
mò	莫嗼漠寞膜瘼鄚驀貘	
	陌貊(貉)	—鐸·明·入
	莫邪 mò yé	
	莫(鏌)	——鐸·明·入
	邪(釾鋣)	——魚·疑·平
	默(嘿嚜)墨纆蟔	——職·明·入
	眽	——錫·明·入
	末沫秣(䬴)眜絉袜腰巾	——月·明·入
	没沉也,終也③歿投坳殁	——物·明·入
móu	謀	——之·明·平

① 命,有的古音學家歸真部。

② 模,今又讀 mú。

③ 今"没有"之"没",念 méi 是後起的。

	繆(綢繆)牟侔恈眸蛑鴾麰	——幽·明·平
	堥鍪蝥	——侯·明·平
mǒu	某	——之·明·上
mú	模	——魚·明·平
mǔ	母姆(娒)拇畮(畝)	——之·明·上
	牡	——幽·明·上
mù	牧坶	——職·明·入
	目苜睦穆艒	——覺·明·入
	木沐蚞霂	——屋·明·入
	募墓幕暮(莫)慕	——鐸·明·長入

N

nā	那[1]	——歌·泥·平
ná	拏(拿)	——魚·泥·平
nà	肭納(内)蒳軜魶	——緝·泥·入
nái	能三足鱉	——之·泥·平
nǎi	乃迺	——之·泥·上
nài	鼐	——之·泥·上
	耐(能)耏	——之·泥·去
	奈柰	——月·泥·長入
nán	難艱難	——元·泥·平
	南楠(枏柟)男	——侵·泥·平
nǎn	赧(赮)戁	——元·泥·上
nàn	難患難	——元·泥·平
náng	囊蠰	——陽·泥·平
nǎng	曩	——陽·泥·上
náo	猱獶憹猱(蝚)夒(獿)	
	獿巎	——幽·泥·平
	撓橈蟯譊鐃	——宵·泥·平

① 那,舊讀 nuó。今又讀 nà 或 nèi,是後起的。

	呶怓	——魚·泥·平
nǎo	嫍(惱)腦(剼)䫤	——宵·泥·上
nào	淖澆回波	——藥·泥·長入
nè	訥吶	——緝·泥·入
něi	餒(餧)	——微·泥·上
nèi	内①	——物·泥·長入
néng	能(而耐)	——之·泥·平
ní	兒姓倪婗唲棿䘽郳蜺 輗麑霓鯢鯢齯	——支·疑·平
	尼泥怩蚭跜臡	——脂·泥·平
nǐ	疑安定儗擬薿	——之·疑·上
	禰親廟也晲掜	——支·泥·上
	柅狔旎	——脂·泥·上
nì	睨堄	——支·疑·去
	泥拘泥	——脂·泥·平
	膩	——脂·泥·去
	匿嶷高峻貌	——職·泥·入
	惄	——覺·泥·入
	溺愵	——藥·泥·入

① 内,有的古音學家入緝部。

	逆縌	——鐸·疑·入
	昵暱䵒黏	——質·泥·入
niān	蔫①	——元·影·平
nián	年(秊)	——真·泥·平
	拈黏鮎	——談·泥·平
niǎn	撚蹍輾(碾)	——元·泥·上
	輦②	——元·來·上
	涊	——文·泥·上
niàn	念	——侵·泥·去
	廿(卄)	——緝·日·入
niáng	孃③	——陽·泥·平
niàng	釀醖也釀	——陽·泥·去
niǎo	鳥蔦	——幽·端·上
	嫋嬝褭	——宵·泥·上
niào	溺(尿)	——藥·泥·入
nié	苶	——質·泥·入
niè	𡴳辥孼孽櫱(蘖)蠥	
	糱臬闑隉(摯)槷齧(囓)	

① 蔫,《廣韻》謁言切,舊讀 yān。

② 輦,《廣韻》力展切,舊讀 liǎn。

③ 《説文》:“孃,煩擾也,一曰肥大也。”實爲“攘”的古體,非“耶孃”之“孃”。

	巕𪘏	——月·疑·入
	臲卼 niè wù	
	臲	——月·疑·入
	卼	——物·疑·入
	涅	——質·泥·入
	敜錜	——緝·泥·入
	讘顳	——葉·日·入
	踂聶躡鑷籋	——葉·泥·入
níng	凝	——蒸·疑·平
	寍寧(甯)安也聹薴鸋	——耕·泥·平
nìng	濘	——耕·泥·上
	寧(甯)寧可;姓	——耕·泥·平
	佞[1]	——耕·泥·去
niú	牛	——之·疑·平
niǔ	杻狃紐鈕	——幽·泥·上
	忸怩 niǔ ní	
	忸	——覺·泥·入
	怩	——脂·泥·平
nóng	農濃獿膿襛醲	——冬·泥·平

① 佞,有的古音學家歸真部。

nòng	弄戲弄[1]	——東·來·去
nòu	耨鎒(槈)	——屋·泥·長入
nú	奴帑拏笯駑	——魚·泥·平
nǔ	努弩砮	——魚·泥·上
nù	怒	——魚·泥·去
nuǎn	煗煖暝(暖)渜	——元·泥·上
nuó	儺	——歌·泥·平
	挼	——微·泥·平
nuò	搦愵	——藥·泥·入
	懦[2]弱也	——侯·日·平
	偄稬(糯)[3]	——元·泥·去
	諾	——鐸·泥·入
nǚ	女籹	——魚·泥·上
nù	恧	——職·泥·入
	衄朒(肭)衂	——覺·泥·入
nüè	虐瘧	——藥·疑·入

① 弄,《廣韵》盧貢切,舊讀 lòng。

② 懦,《廣韵》又乃亂切,換韵有"偄愞",弱也,"愞"是"懦"的古體,上古屬元部泥母。

③ 偄,《廣韵》奴亂切,《集韵》又奴卧切。"稬"在《廣韵》既入換韵,奴亂切,又入過韵,乃臥切,"糯"是後起字。

O

ōu	區姓;量名樞樹名毆歐甌	
	蓲草名褔謳鏂鷗	——侯·影·平
óu	齵	——侯·疑·平
ǒu	嘔(歐)毆	——侯·影·上
	偶耦腢蕅(藕)	——侯·疑·上
òu	漚(渥)浸漚	——侯·影·去

P

pā 葩(芭)皅鈀 ——魚·滂·平

pá 杷收麥器 ——魚·並·平

pà 汃砏汃 ——物·滂·入

pāi 拍(搯) ——物·滂·入

pái 簰(籠) ——支·並·平

俳排 ——微·並·平

徘徊 pái huái

徘 ——微·並·平

徊 ——微·匣·平

pài 𠂢派 ——錫·滂·長入

湃(濞) ——月·滂·長入

pān 攀番番禺潘拌弃也 ——元·滂·平

pán 蟠磻般般旋盤(柈)

槃磐媻縏鞶(縏)鞶鬆 ——元·並·平

片(牉)判木也 ——元·滂·平

pàn 泮(頖)胖半也判片(牉) ——元·滂·去

畔叛 ——元·並·去

拚(拌) ——元·並·平

盼 ——文·滂·去

pāng	滂(汸)	——陽·滂·平
	滂沱 pāng tuó	
	滂	——陽·滂·半
	沱	——歌·定·平
páng	龐逢(逄)姓	——東·並·平
	雱	——陽·滂·平
	旁膀傍蒡磅鄗髈	
	房阿房宫	——陽·並·平
	彷徨 páng huáng	
	彷(仿徬)	——陽·並·平
	徨(偟)	——陽·匣·平
	旁礴 páng bó	
	旁(般)	——陽·並·平
	礴(魄)	——鐸·並·入
pàng	胖①	——元·滂·去
pāo	泡脬藨	——幽·滂·平
páo	庖咆炰狍苞袍鞄(爮)	——幽·並·平
	炮格 páo gé	
	炮	——幽·並·平

① 肥胖的“胖”念 pàng，是後起的音義。

	格(烙)	——鐸·見·入
pào	炮(疱)炮(砲礮)奅	——幽·滂·去
pēi	胚(肧)衃醅	——之·滂·平
péi	培陪坏阫	——之·並·平
	裴	——微·並·平
pèi	佩珮	——之·並·去
	帔	——歌·滂·去
	沛(霈)浿肺肺肺	——月·滂·長入
	旆(斾茷)	——月·並·長入
	轡	——質·幫·長入
	配	——物·滂·長入
pēn	噴[1]歕濆	——文·滂·平
pén	盆湓葐	——文·並·平
pēng	亨(烹)	——陽·滂·平
	彭湃 pēng pài	
	彭(澎)	——陽·滂·平
	湃	——月·滂·入
	伻抨怦泙砰苹軯(輧)	
	駍	——耕·滂·平

① 噴,《廣韵》有平聲普魂切和去聲普悶切兩讀,故今又讀 pèn。

péng	朋棚弸輣鵬	——蒸・並・平
	蓬(逢)	——東・並・平
	彭姓搒榜篣	——陽・並・平
	芃	——侵・並・平
pěng	捧	——東・滂・上
	皏	——耕・滂・上
pī	丕伾秠坏(坯)狉鉟駓	
	髬	——之・滂・平
	邳	——之・並・平
	披帔翍被(披)鈹鮍	——歌・滂・平
	批紕悂	——脂・滂・平
	磇鈚	——錫・滂・入
	劈歷 pī lì	
	劈(霹)	——錫・滂・入
	歷(靂)	——錫・來・入
pí	埤椑脾裨偏裨郫蜱甈	
	陴女牆	
	鞞鼙	——支・並・平
	皮疲罷同"疲"羆	——歌・並・平
	仳枇毗紕衣邊阰魮榌	
	膍貔	——脂・並・平

蚍蜉 pí fú

蚍 ——脂·並·平

蜉 ——幽·並·平

芘芣 pí fú

芘 ——脂·並·平

芣 ——之·並·平

pǐ 否臧否痞圮 ——之·並·上

嚭(噽) ——之·滂·上

庀疕 ——脂·滂·上

仳離 pǐ lí

仳 ——脂·滂·上

離 ——歌·來·平

癖 ——錫·滂·入

匹(疋) ——質·滂·入

pì 媲 ——脂·滂·去

淠濞嚊䊧(屁) ——質·滂·長入

俾倪 pì nì

俾(睥) ——支·滂·上

倪(睨) ——支·泥·去

辟(僻)澼譬 ——錫·滂·入

辟(闢)甓 ——錫·並·入

	鸊鷉 pì tī	
	鸊(䴙)	——錫・滂・入
	鷉	——支・透・平
piān	扁偏媥萹篇翩鶣	——真・滂・平
pián	便便宜楩緶	——元・並・平
	騈骿胼①	——元・並・平
	胼胝 pián zhī	
	胼	——元・並・平
	胝	——脂・端・平
	楄蹁諞便巧言也	——真・並・平
piàn	片	——元・滂・去
	猵猵狙	——真・滂・去
piāo	票②嘌嫖漂漂浮翲螵飄	——宵・滂・平
piáo	剽③瓢	——宵・並・平
piǎo	莩餓莩荽殍	——幽・並・上
	縹瞟(覭)膘顠皫	——宵・滂・上
piào	僄輕也慓漂疾速驃④驃騎	——宵・並・平

① 騈骿胼胼，有的古音學家歸耕部。

② “票”今讀 piào(“車票”之“票”)是後起的。本讀平聲，《漢書・霍去病傳》有“票姚校尉”，《史記》作“剽姚”。

③ 剽，《廣韻》符霄切，又匹妙切，滂母去聲，可能是後起的讀音。

④ 驃，《廣韻》毗召切，今多讀 biāo。

piē	瞥潎	——月・滂・入
	覕	——質・滂・入
piě	丿擎(撇)[1]嫳	——月・滂・入
pīn	姘	——耕・滂・平
	砏	——文・滂・平
pín	頻瀕蘋(蘋)顰(嚬)嬪	
	蠙(玭)	——真・並・平
	貧	——文・並・平
pǐn	品	——侵・滂・上
pìn	牝	——脂・並・上
	聘	——耕・滂・去
pīng	甹俜娉艵頩	——耕・滂・平
píng	馮(憑)凭(凴)淜	——蒸・並・平
	平坪苹枰萍屏評帡洴	
	荓(荓)蓱郱缾(瓶)	
	蛢軿	——耕・並・平
pō	頗坡	——歌・滂・平
	陂陀 pō tuó	
	陂	——歌・滂・平

① 擎,《廣韻》普蔑切,今又讀 piē。

	陀(阤陁)	——歌・定・平
	鏺柹	——月・滂・入
pó	婆皤鄱[①]番番番,通"皤皤"	
	緐姓	——歌・並・平
pǒ	叵駊	——歌・滂・上
pò	破	——歌・滂・去
	朴木皮也	——屋・滂・入
	迫	——鐸・幫・入
	珀胉魄粕膊溥蒪	
	霸月始生	——鐸・滂・入
	咄	——物・滂・入
pōu	剖[②]	——之・滂・平
póu	抔掊掬也	——之・並・平
	裒垺捊	——幽・並・平
pǒu	掊擊也棓跳板	——之・滂・上
pū	鋪痡	——魚・滂・平
	剥(攴)撲仆扑	——屋・滂・入
pú	菐僕樸璞蹼	——屋・並・入
	濮纀	——屋・幫・入

① "番皤鄱"從"番"得聲,早期當屬元部。

② 有的古音學家于凡從"咅"得聲的字,均屬侯部。

暴 ——藥・滂・入

莆蒲酺 ——魚・並・平

匍匐 pú fú

匍(扶) ——魚・並・平

匐(伏) ——職・並・入

葡萄 pú táo

葡(蒲) ——魚・並・平

萄 ——幽・定・平

pǔ 普浦溥 ——魚・滂・上

圃譜 ——魚・幫・上

蹼 ——屋・幫・入

墣 ——屋・滂・入

pù 暴(曝) ——藥・並・入

Q

qī　期 ——之・群・平
俱(頬)娸欺僛 ——之・溪・平
溪谿螇 ——支・溪・平
攲攱觭踦 ——歌・溪・平
妻凄淒悽萋郪緀霋 ——脂・清・平
棲(栖)① ——脂・心・平
戚慼(慼)鏚 ——覺・清・入
七柒桼㓞漆鶈 ——質・清・入
緝 ——緝・清・入

qí　亓(其)淇綦(棋)旗祺
朞琪萁藄(𡐤)騏鯕鵸 ——之・群・平
麒麟 qí lín
　麒 ——之・群・平
　麟 ——真・來・平
奇埼崎畸琦錡碕騎鵸 ——歌・群・平
崎嶇 qí qū
　崎 ——歌・溪・平

① 棲，今又讀 xī，同"西"，見下文。

嶇 ——侯・溪・平

芪祇蚔軝伎岐歧蚑跂

疧郊 ——支・群・平

畦 ——支・匣・平

齊懠臍 ——脂・從・平

蠐螬 qí cáo

蠐 ——脂・從・平

螬 ——幽・從・平

祁耆鰭鬐 ——脂・群・平

祈(肵)旂頎圻[①]蚚

鮨蘄[②]祁隑鐖 ——微・群・平

qǐ 起杞芑屺邵 ——之・溪・上

企跂 ——支・溪・上

綺齮輢 ——歌・溪・上

稽稽首启啓棨綮肎 ——脂・溪・上

豈萱 ——微・溪・上

乞 ——物・溪・入

qì 唭 ——之・溪・去

① 圻,不見于《説文》,《左傳・襄公二十五年》"天子之地一圻","圻"通"畿"。又《尚書・酒誥》有"矧惟若疇圻父","圻父"《詩經》作"祈父"。

② 以上八字均從"斤"得聲,當本屬文部。

	亟屢次	——職・溪・入
	磩鏨	——覺・清・入
	磧	——錫・清・入
	挈(契)桼愒揭憩(憇)	——月・溪・長入
	砌	——質・清・長入
	器棄(弃)	——質・溪・長入
	气氣(炁)	——物・溪・長入
	訖	——物・見・長入
	扢	——物・群・入
	迄汔	——物・曉・入
	葺	——緝・清・入
	泣湆(涪)	——緝・溪・入
qià	扨[①]楬	——月・溪・入
	洽	——緝・匣・入
qiān	攐(褰)搴(攓)騫愆(諐)岍汧蚈顅	——元・溪・平
	遷鄠	——元・清・平
	鉛	——元・喻・平
	牽臤掔摼	——真・溪・平

① 扨,《廣韻》恪八切,屬黠韻。

千仟汘盰芊阡 ——真·清·平
僉簽籤懺孅 ——談·清·平
嵌謙(嗛) ——談·溪·平

qián 乾乾坤虔榩鰬揵犍 ——元·群·平
前(歬)媊錢 ——元·從·平
潛蕁蕁麻涔灊燂 ——侵·從·平
黔鈐雂羬 ——侵·群·平
拑柑鉗箝黚鉆 ——談·群·平

qiǎn 書遣 ——元·溪·上
繾綣 qiǎn quǎn
　繾 ——元·溪·上
　綣 ——元·溪·上
譴[1] ——元·溪·上
淺 ——元·清·上
嗛慊憾 ——談·溪·上

qiàn 倩蒨(茜)[2]綪輤 ——耕·清·去
俔 ——元·溪·去
芡 ——談·群·上
欠傔鰜 ——談·溪·去

---

① 譴,《廣韵》已念去聲去戰切。
② 倩蒨(茜),有的古音學家歸真部。

	歉	——談・溪・上
	塹(壍)槧	——談・清・去
	嵌	——談・溪・平
qiāng	斨搶撞地，觸也槍瑲蹌鎗	
	牄將蹡(蹌)鏘	——陽・清・平
	羌蜣	——陽・溪・平
	戕	——陽・從・平
qiáng	爿嬙牆(廧)薔	——陽・從・平
	强(彊)	——陽・群・平
qiǎng	强(彊勥)勉强	——陽・群・上
	襁褓 qiǎng bǎo	
	襁(繈)	——陽・見・上
	褓(緥)	——幽・幫・上
qiāo	敲[①]磽墝(墽)礉趬繑	
	蹻骹	——宵・溪・平
	毳(橇)	——月・清・入
	毃	——藥・溪・入
	幧	——宵・清・平
qiáo	荍	——幽・群・平

① 敲，《廣韻》口交切，屬平聲肴韻；《説文》："横擿也。"引申爲叩。毃，《廣韻》苦角切，屬入聲覺韻；《説文》："擊頭也。"後來又寫作"敲"。

	嫶譙樵醮	——宵·從·平
	憔悴 qiáo cuì	
	憔(癄顦)	——宵·從·平
	悴(瘁顇)	——物·從·入
	喬僑橋嶠蕎鐈趫翹[①]	——宵·群·平
qiǎo	巧	——幽·溪·上
	愀	——幽·清·上
	悄憂也釥	——宵·清·上
	雀[②]	——藥·精·入
qiào	哨口不正帩陗(峭)	——宵·清·去
	誚(譙)責備	——宵·從·去
	竅噭擻(擎)躈	——藥·溪·長入
	殼(殼)甲殼	——屋·溪·入
qiē	切磋 qiē cuō	
	切	——質·清·入
	磋	——歌·清·平
qié	伽茄	——歌·群·平
qiě	且	——魚·清·上
qiè	趄	——鐸·清·入

① 翹,《廣韻》渠遥切,今又讀 qiào。

② 雀,《廣韻》即略切,今又念 qiāo 或 què。

挈鍥(鍥)朅 ——月・溪・入

契闊 qiè kuò

契 ——月・溪・入

闊 ——月・溪・入

啰詬 qiè gòu①

啰 ——月・溪・入

詬 ——侯・見・去

踖 ——鐸・清・入

切竊 ——質・清・入

妾浃踥緁(縎)

捷捷捷，巧辯貌 ——葉・清・入

嗛(慊)滿足拹怯㥦(愜)

篋 ——葉・溪・入

唼 ——緝・清・入

qīn 親 ——真・清・平

侵駸寖綅 ——侵・清・平

浸淫 qīn yín

浸 ——侵・清・平

淫 ——侵・喻・平

① 啰詬，義爲力諍者，見于《莊子・天地》。啰，《集韵》口賣切，與後起的"啰食"的"啰"不同。

衾欽鋟 ——侵·溪·平

嶔崟 qīn yín

嶔 ——侵·溪·平

崟 ——侵·疑·平

qín 秦螓 ——真·從·平

堇廑慬瘽勤懃芹 ——文·群·平

肣芩琴禽擒(捦)黅 ——侵·群·平

鬵 ——侵·從·平

嶜崟 qín yín

嶜 ——侵·從·平

崟 ——侵·疑·平

qǐn 梫寑寢鋟 ——侵·清·上

扲 ——侵·溪·上

qìn 沁 ——侵·清·去

瀙 ——真·清·去

qīng 卿 ——陽·溪·平

青圊清蜻鶄 ——耕·清·平

頃(傾)廎輕罄 ——耕·溪·平

qíng 剠(黥)勍 ——陽·群·平

情殅晴(晴) ——耕·從·平

檠(檠)擎葝 ——耕·群·平

qǐng	請	——耕・清・上
	頃廎檾(苘䔛)謦	——耕・溪・上
qìng	慶	——陽・溪・平
	凊	——耕・清・去
	殸磬罄(窒)肯綮	——耕・溪・去
qióng	穹	——蒸・溪・平
	窮藭	——冬・群・平
	卭蛩𥳙跫	——東・群・平
	瓊藑煢惸(嬛)睘(瞏)	——耕・群・平
qiū	丘邱蚯	——之・溪・平
	龜茲 qiū cí	
	龜	——之・溪・平
	茲	——之・從・平
	秋湫萩篍橚(楸)鶖緧	
	鞧鰌(鰍)	——幽・清・平
qiú	裘	——之・群・平
	酋崷遒	——幽・從・平
	蝤蠐 qiú qí	
	蝤	——幽・從・平
	蠐	——脂・從・平
	囚	——幽・邪・平

	求球俅捄長貌;歧貌梂逑莍	
	賕絿蝨銶叴仇厹艽朹犰	
	訄[1]肍觓虯(虬)絿觓(觩)	
	璆	——幽·群·平
qiǔ	糗	——幽·溪·上
qū	趨趣[2]騶通"趨"	——侯·清·平
	區敺毆軀驅鰸嶇(嶇)	——侯·溪·平
	呿袪祛胠笶阹魼(鱋)	——魚·溪·平
	曲彎曲苗	——屋·溪·入
	麴	——覺·溪·入
	屈詘蝠鶌	——物·溪·入
qú	劬姁朐雊斪絇蚼軥鼩	——侯·群·平
	渠蕖豦蘧醵籧璩(鐻)	
	瞿臞欋蠷(玃)癯衢趯	
	蠼鼩	——魚·群·平
	鴝鵒 qú yù	
	鴝(鸜)	——侯·群·平
	鵒	——屋·喻·入

① 訄,《廣韵》又去牛切,屬溪母。

② 趣,上古常假借爲"趨","興趣"之"趣"念去聲是後起的。

qǔ	取娶①	——侯·清·上
	竘	——侯·溪·上
	蝺美好齲詓	——魚·溪·上
	曲歌曲	——屋·溪·入
qù	趣	——侯·清·去
	去②	——魚·溪·上
	覷(覰)蜡(蛆)	——魚·清·去
	闃	——錫·溪·入
quān	圈埢弮棬	——元·溪·平
	悛	——文·清·平
quán	佺荃筌痊詮銓絟駩縓	——元·清·平
	全牷跧輇泉	——元·從·平
	拳婘惓蜷觠踡鬈齤權	
	蠸顴	——元·群·平
quǎn	犬綣	——元·溪·上
	畎	——元·見·上
quàn	券桊勸	——元·溪·去
quē	缺闕闕如	——月·溪·入

---

① 娶,《廣韵》屬去聲遇韵,七句切,《集韵》屬上聲韵,此主切。"娶"字已見于《説文》,從"取"得聲,以上聲爲是。

② 去,《廣韵》有上聲羌舉切和去聲丘據切兩讀。

què 榷推確(埆) ——藥·溪·入

雀 ——藥·精·入

埆(确)愨觳 ——屋·溪·入

礐 ——覺·溪·入

卻(却) ——鐸·溪·入

鵲(舄誰) ——鐸·清·入

闕宮闕 ——月·溪·入

闋 ——質·溪·入

qūn 夋捘逡(逡)踆皴 ——文·清·平

逡巡 qūn xún

逡(遁) ——文·清·平

巡 ——文·邪·平

囷箘宭輑 ——文·溪·平

qún 宭群帬(裙)麇(麕)① ——文·群·平

① 麇麕,又居筠切,讀 jūn。

R

rán	肰然燃繎	——元·日·平
	蚺袡(衻)髯(䯗)䫇(髥)	——談·日·平
rǎn	冄(冉)姌苒染	——談·日·上
	橪	——元·日·上
ráng	儴瀼躟襄穰蘘鬤	——陽·日·平
rǎng	壤蠰蠰谿,昆蟲名	——陽·日·上
	攘擾亂	——陽·日·平
ràng	讓	——陽·日·平
ráo	蕘蟯橈襓饒	——宵·日·平
rǎo	擾	——幽·日·上
	嬈繞彎曲	——宵·日·上
rào	繞繞道	——宵·日·去
rè	熱	——月·日·入
rén	人仁	——真·日·平
	壬任姓鵀	——侵·日·平
rěn	忍荵	——文·日·上
	稔棯腍荏	——侵·日·上
rèn	刃仞牣紉訒軔韌	——文·日·去

	飪恁栠	——侵·日·上
	妊衽任信任紝（絍）鵀	——侵·日·去
	葚	——侵·船·平
réng	仍艿礽訒陾	——蒸·日·平
rèng	扔牽引[①]芿	——蒸·日·去
rì	日衵馹	——質·日·入
róng	戎茙	——冬·日·平
	融肜	——冬·喻·平
	容傛溶鎔（熔）榕蓉褣	
	鰫	——東·喻·平
	茸髶鞲[②]	——東·日·平
	顒[③]	——東·疑·平
	榮嶸蠑	——耕·匣·平
rǒng	冗（宂）氄（毹）軵推也	——東·日·上
róu	柔揉腬鞣蝚輮	
	内（蹂）粈（糅）	——幽·日·平
	蹂躪 róu lìn	
	蹂	——幽·日·平

① “扔”的拋掉義念 rēng，是晚起的。

② “茸”等字從“耳”得聲，早期當在之部。

③ “顒”從“禺”得聲，早期當在侯部，今又讀 yóng。

	躝	——真·來·去
	煣[①]	——幽·日·上
ròu	肉	——屋·日·入
rú	儒嚅嬬濡懦獳繻臑襦蠕	
	醹鑐	——侯·日·平
	蝡[②]	——元·日·上
	孺	——侯·日·去
	帤挐蒘	——魚·泥·平
	如茹袽駕	——魚·日·平
rǔ	乳擩	——侯·日·上
	女(汝)	——魚·日·上
	辱	——屋·日·入
rù	洳	——魚·日·去
	嗕溽蓐縟褥鄏	——屋·日·入
	入	——緝·日·入
ruán	堧(壖)	——元·日·平
ruǎn	耎媆楰(檽)瑌(瓀)	
	腝緛蝡輭(軟)	——元·日·上
	阮	——元·疑·上

① 煣,《廣韵》人九切,舊讀 rǒu。

② 蝡,《廣韵》而兗切,屬上聲獮韵,舊讀 ruǎn。

ruí	甤(蕤)桵緌	——微・日・平
ruǐ	桑(蕊)蘂繠	——歌・日・上
ruì	瑞	——歌・禪・去
	芮汭蚋(蜹)枘	——月・日・長入
	兑(鋭)睿(叡)棁通“鋭”	
	蒍	——月・喻・長入
rún	犉	——文・日・平
rùn	潤閏膶	——真・日・去
ruò	弱蒻	——藥・日・入
	若箬鄀	——鐸・日・入
	爇(焫)	——月・日・入

S

sǎ	灑(洒)	——支·生·平
	靸小兒履也	——緝·心·入
sà	椴蔡通"殺"	——月·心·入
	卅颯趿馺	——緝·心·入
sāi	鰓	——之·心·平
	塞充塞	——職·心·入
sài	塞邊塞簺賽	——職·心·長入
sān	三參	——侵·心·平
sǎn	散散漫饊糁糂(糝)	——元·心·上
sàn	散分散	——元·心·上
sāng	喪喪事桑	——陽·心·平
sǎng	顙①	——陽·心·平
sàng	喪喪失	——陽·心·平
sāo	溞搔慅騷	——幽·心·平
	矂繅臊鰠繰	——宵·心·平
sǎo	埽(掃)嫂(嫂娗)	——幽·心·上
sào	埽	——幽·心·上

① 顙，《廣韻》蘇朗切，已屬上聲蕩韻。

sè	塞閉塞	——職・心・入
	色[①]嗇濇穡薔草名轖	——職・生・入
	瑟飋	——質・生・入
	翜(澀)澁鈒	——緝・生・入
sēn	森	——侵・生・平
shā	沙魦(鯊)硰紗莎	——歌・生・平
	殺鎩榝蔱繺煞	——月・生・入
shà	唼啑翣歃箑霅	——葉・生・入
	嗄	——魚・生・去
shāi	簁籭(篩)釃[②]	——支・生・平
shǎi	色	——職・生・入
shài	曬(晒)	——支・生・去
shān	山邖删潸	——元・生・平
	姍珊簖	——元・心・平
	羶(膻)扇(搧)煽埏(挻)	——元・書・平
	芟蔪	——談・生・平
	苫痁笘	——侵・書・平
	摻(攕)獑縿(襂)衫	——侵・生・平

① 色，今又讀 shǎi。

② 釃，今又念 shī。

shǎn	夾陝閃睒覢	——談・書・上
shàn	訕疝[①]	——元・生・平
	汕	——元・生・去
	扇傓煽	——元・書・去
	善僐墡鄯[②]蟺(蟮)鱓 (鱔)單墠(禪)潬	——元・禪・上
	膳繕嬗擅禪禪讓	——元・禪・去
	苫苫蓋蛅	——侵・書・去
	掞	——談・書・去
	剡	——談・禪・上
	贍(澹)	——談・禪・去
shāng	商蔏湯禓傷惕殤觴鬺	——陽・書・平
shǎng	賞饟(餳)	——陽・書・上
	上(動詞)	——陽・禪・上
shàng	上(名詞)	——陽・禪・上
	尚	——陽・禪・去
shāo	捎梢筲旓稍籍蛸莦髾	——宵・生・平
	燒	——宵・書・平
sháo	韶(磬)	——宵・禪・平

① 訕疝,《廣韻》所晏切,已屬去聲諫韻。

② 鄯,《廣韻》又時戰切,屬去聲線韻。

	勺汋杓芍	——藥・禪・入
shǎo	少多少	——宵・書・上
shào	少老少	——宵・書・上
	稍睄	——宵・生・去
	紹袑	——宵・禪・上
	召召公邵卲劭	——宵・禪・去
shē	奢畬賒(賖)	——魚・書・平
shé	蛇(虵)	——歌・船・平
	舌	——月・船・入
	折①	——月・禪・入
shě	舍(捨)	——魚・書・上
shè	社	——魚・禪・上
	舍屋舍涻騇厙	——魚・書・上
	赦	——鐸・書・長入
	射(躲)麝	——鐸・船・長入
	設蔎	——月・書・入
	歙	——緝・書・入
	涉	——葉・禪・入
	攝灄欇韘	——葉・書・入

① 折，《廣韻》旨熱切，今音讀 zhé。

	慴[①]懾	——葉・章・入
shéi	誰[②]	——微・禪・平
shēn	身侁申伸呻柛眒紳	
	胂信通"伸"	——真・書・平
	莘瘁甡	——真・生・平
	娠	——文・書・平
	侁姺詵駪	——文・生・平
	深(滨)	——侵・書・平
	參(蔘葠葠)幓	——侵・生・平
shén	神	——真・船・平
shěn	矤(矧)哂(弞)	——真・書・上
	審瀋沈邥淰諗	——侵・書・上
shèn	慎(昚眘)	——真・禪・去
	腎	——真・禪・上
	祳欣脤蜃(蜄)[③]	——文・禪・上
	甚	——侵・禪・上
	葚	——侵・船・上
	滲罧	——侵・生・去

① 慴,《廣韵》之涉切,舊讀 zhé。

② 誰,《廣韵》視隹切,今又讀 shuí。

③ 蜃,《廣韵》又時刃切,屬去聲震韵。

shēng	升昇陞勝勝任	——蒸·書·平
	生牲狌笙甥鼪	——耕·生·平
	聲	——耕·書·平
shéng	憴澠繩譝鱦	——蒸·船·平
shěng	省渻媘眚	——耕·生·上
shèng	勝勝負[①]	——蒸·書·平
	乘車乘賸(剩)	——蒸·船·平
	聖	——耕·書·去
	盛	——耕·禪·平
shī	詩邿	——之·書·平
	施(㢱)絁葹箷鍦	——歌·書·平
	釃襹	——支·生·平
	師獅	——脂·生·平
	尸屍蓍	——脂·書·平
	鳲鳩 shī jiū	
	鳲	——脂·書·平
	鳩	——幽·見·平
	失	——質·書·入
	蝨(虱)	——質·生·入

① 勝,《廣韵》詩證切,已屬去聲證韵。

	溼(濕)	——緝·書·入
shí	時塒榯蒔蒔蘿鰣	——之·禪·平
	食蝕	——職·船·入
	識	——職·書·入
	石祏鼫	——鐸·禪·入
	寔湜	——錫·禪·入
	實	——質·船·入
	十什拾	——緝·禪·入
shǐ	始	——之·書·上
	史使駛	——之·生·上
	豕	——支·書·上
	瘮	——歌·書·上
	矢笶屎(菌)	——脂·書·上
shì	式拭軾飾奭[①]襫	——職·書·入
	試弑	——職·書·長入
	市恃	——之·禪·上
	士仕柿事	——之·崇·上
	蒔移栽	——之·禪·平
	侍	——之·禪·去

① 奭,有的古音學家入鐸部。

	是諟氏	——支·禪·上
	舐(咶䑛)	——支·船·上
	視(眂)	——脂·禪·上
	嗜(耆)	——脂·禪·去
	示	——脂·船·去
	世貰勢	——月·書·長入
	適睗	——錫·書·入
	忕逝筮噬澨誓齛	——月·禪·長入
	室	——質·書·入
	螫釋(繹)	——鐸·書·入
	謚(謚)	——錫·船·長入
shōu	收	——幽·書·平
shóu	熟①	——覺·禪·入
shǒu	手首守	——幽·書·上
shòu	受綬授壽②璹	——幽·禪·上
	獸狩	——幽·書·上
	瘦(瘦)	——幽·生·去
	售	——幽·禪·平
shū	輸鄃	——侯·書·平

① 熟,《廣韵》殊六切,今又讀 shú。

② 授壽售,《廣韵》又入去聲宥韵,承咒切。

	殳殊杸	——侯·禪·平
	姝殳櫙户樞	——侯·昌·平
	攄	——魚·透·平
	書舒紓	——魚·書·平
	抒	——魚·船·上
	梳疏(疎)蔬疋足也	——魚·生·平
	尗叔菽倏儵	——覺·書·入
	淑	——覺·禪·入
shú	孰塾熟	——覺·禪·入
	贖韣	——屋·禪·入
	术秫	——物·船·入
shǔ	數數計[①]籔	——侯·生·上
	暑黍鼠癙	——魚·書·上
	署藷(薯)曙	——魚·禪·去
	蜀蠋襡屬韣	——屋·禪·入
shù	戍腧隃	——侯·書·去
	尌澍樹[②]豎裋	——侯·禪·上
	恕	——魚·書·去
	庶	——鐸·書·入

---

① 數，又念 shù、shuò。

② 尌澍樹，《廣韵》常句切，已屬去聲遇韵。

	墅	——魚·禪·上
	數數目漱	——侯·生·去
	束	——屋·書·入
	术沭述術鉥（秫）	——物·船·入
shuā	刷（㕞）	——月·生·入
shuāi	衰瘊	——微·生·平
shuài	衛逹蟀帥率領	——物·生·長入
	帥將帥率	——物·生·長入
shuāng	雙	——東·生·平
	霜孀鷞	——陽·生·平
shuǎng	爽①	——陽·生·平
shuí	誰脽	——微·禪·平
shuǐ	水𤵹②	——微·書·上
shuì	説③帨挩拭也涚稅裞	——月·書·長入
	睡	——歌·禪·去
shǔn	吮楯	——文·船·上
shùn	眴（旬）瞚	——真·書·去

---

① 爽,《廣韵》疎兩切,已屬上聲養韵。

② 𤵹,《廣韵》釋類切,已屬去聲至韻。

③ 説,《廣韵》舒芮切,義爲説服;又失爇切,義爲解説,讀 shuō;又弋雪切,“悦”的古體,見下文。

	順	——文·船·平
	舜蕣瞬(瞤)眣鬊	——文·書·去
shuō	説	——月·書·入
shuò	數頻數嗽吮吸	——屋·生·入
	⿱肖手矟箾	——藥·生·入
	爍鑠(燿)	——藥·書·入
	妁	——藥·禪·入
	朔槊	——鐸·生·入
	碩	——鐸·禪·入
sī	斯凘澌廝嘶⿱艹斯(菥)蜤	
	虒⿰氵虒榹磃禠	——支·心·平
	思偲禗司絲緦罳	——之·心·平
	厶私	——脂·心·平
sǐ	死	——脂·心·上
sì	笥伺覗①	——之·心·平
	佀(似)姒相(耜)巳	
	祀(禩)汜枱鈶⿸广里	——之·邪·上
	俟涘竢騃	——之·崇·上
	寺嗣飼(飤)	——之·邪·去

① "笥、伺"等字,《廣韻》已念去聲志韻,相吏切。

	兕	——脂·邪·上
	四泗柶牭駟肆殔𦽔①	——質·心·長入
	食使食	——職·邪·長入
sōng	松	——東·邪·平
	嵩娀	——冬·心·平
	崧蜙(蚣)	——東·心·平
sǒng	悚竦(駷)慫聳(㩳)	
	傱嵸(嵷)	——東·心·上
sòng	宋	——冬·心·去
	送	——東·心·去
	誦頌訟	——東·邪·平
sōu	搜溲廋榩螋獀鄋醙蒐	——幽·生·平
sǒu	叟(傁)瞍	——幽·心·上
	藪籔擻棷通"藪"	——侯·心·上
	嗾②	——屋·清·入
sòu	嗽	——屋·心·長入
sū	穌蘇	——魚·心·平
	窣	——物·心·入
sú	俗	——屋·邪·入

① 殔肆𦽔，有的古音學家歸入物部。

② 嗾，《廣韻》又蘇后切，已屬心母上聲厚韻。

sù	速涑餗觫蔌遬粟	——屋・心・入
	謖	——職・生・入
	朔愬遡泝(溯)訴素嗉	
	膆愫	——鐸・心・長入
	夙宿艏肅橚潚驌鱐	——覺・心・入
	鷫鸘 sù shuāng	
	鷫	——覺・心・入
	鸘	——陽・生・平
	茜蹜	——覺・生・入
suān	酸痠	——元・心・平
	狻猊 suān ní	
	狻	——元・心・平
	猊	——支・泥・平
suǎn	匴篹籩屬	——元・心・上
suàn	笇(筭)算祘蒜	
	選通“算”	——元・心・去
suī	雖睢滖荾(荽)葰薑屬	——微・心・平
	倠	——微・曉・平
suí	隋隨	——歌・邪・平
	綏(夊)	——微・心・平
suǐ	髓瀡靃	——歌・心・上

suì	歲	——月·心·長入
	穗	——質·邪·長入
	㴚邃碎睟誶	——物·心·長入
	豙遂燧穟檖璲襚鐩	
	隧祟	——物·邪·長入
sūn	孫蓀飧	——文·心·平
sǔn	筍(笋)栒	——真·心·上
	損隼簨	——文·心·上
suō	莎娑傞姕趖	——歌·心·平
	蓑(衰)	——微·心·平
	縮	——覺·生·入
suǒ	索(㨬)	——鐸·心·入
	貟瑣鎖惢	
	葰(霍)葰(霍)人,古地名	——歌·心·上
	所	——魚·生·上
suò	些楚語辭	——歌·生·去

T

tā	它他	——歌·透·平
tǎ	獺	——月·透·入
	㒓鰨	——葉·透·入
tà	撻鰨闥	——月·透·入
	嗒媘踏①鎝鞜	——緝·透·入
	沓涾碏譶譶眔遝蹹闒	——緝·定·入
	闒蹋躢	——葉·定·入
	榻狧犬食	——葉·透·入
tāi	胎	——之·透·平
tái	台天台菭(苔)箈(篙)	
	跆駘炱臺嬯	——之·定·平
	邰鮐	——之·透·平
tài	態	——之·透·去
	太汰(汏)忲泰	——月·透·長入
tān	灘癱驒	——元·透·平
	貪	——侵·透·平
	緂舑	——談·透·平

① "踏"字在今"踏實"一詞中念 tā。

tán 壇檀彈 ——元・定・平
覃潭燂憛橝蕈譚鄿
醰蕁知母草 ——侵・定・平
倓惔談郯錟餤 ——談・定・平
澹臺 tán tái
澹 ——談・定・平
臺 ——之・定・平
tǎn 菼菿 ——談・透・上
坦儃 ——元・透・上
襢(袒) ——元・定・上
噡醓(肒)黮 ——侵・透・上
tàn 炭歎嘆① ——元・透・平
探② ——侵・透・平
蜳 ——談・透・去
tāng 湯募盪(蹚) ——陽・透・平
鏜鞈 tāng gé
鏜(闛闓鼞) ——陽・透・平
鞈(鞥) ——緝・見・入
táng 唐溏塘篖蓎鎕瑭螗

① 炭嘆歎,《廣韵》已念去聲他旦切。
② 探,《廣韵》仍讀平聲他含切。

	餳(餹糖)棠堂樘	——陽·定·平
	螳蜋 táng láng	
	螳	——陽·定·平
	蜋(螂)	——陽·來·上
tǎng	倘儻戃曭矘帑	——陽·透·上
tàng	湯(燙)	——陽·透·去
tāo	滔搯(掏)慆縚謟韜駋	
	絛	——幽·透·平
	濤燾	——幽·定·平
	叏弢叨	——宵·透·平
	饕餮 tāo tiè	
	饕	——宵·透·平
	餮	——質·透·入
táo	匋綯萄陶蜪騊檮詾	——幽·定·平
	洮逃桃咷鞉駣鞀鞱	——宵·定·平
tǎo	討	——幽·透·上
tè	慝(忒)貣	——職·透·入
	特(犆)螣(蟘)	——職·定·入
téng	幐滕縢螣謄騰籐	——蒸·定·平
	疼	——冬·定·平
tī	鷉	——支·透·平

	梯	——脂·透·平
	剔踢	——錫·透·入
tí	虒謕(啼)蹏(蹄)媞提	
	題緹禔褆蝭騠鯷鶗	——支·定·平
	厗綈荑草名[①]苐稊(蕛)	
	銻鮷	——脂·定·平
	鵜鶘 tí hú	
	鵜(鵜)	——脂·定·平
	鶘	——魚·匣·平
tǐ	體	——脂·透·上
	醍	——支·透·上
tì	涕鬀(剃)[②]洟薙	——脂·透·去
	悌	——脂·定·上
	替嚏	——質·透·長入
	惖(惕)逖(逷)禘	
	裼[③]裼褅籊	——錫·透·入
	倜	——覺·透·入
tiān	天	——真·透·平

① 荑,又以脂切,割草,念 yí。

② 涕鬀(剃),在《廣韵》已屬去聲霽韵,他計切。

③ 裼,又念 xī,《廣韵》先擊切,袒也。

	黇沾(添)	——侵·透·平
tián	田畋佃佃作嗔填搷磌闐和闐	——真·定·平
	恬甜	——談·定·平
tiǎn	倎腆淟琠	——文·透·上
	淟涊 tiǎn niǎn	
	淟	——文·透·上
	涊	——文·泥·上
	靦	——元·透·上
	殄紾跈	——文·定·上
	忝[①]	——侵·透·上
	銛餂	——談·透·上
tiàn	瑱	——真·透·去
tiāo	蓨(蓧)	——幽·透·平
	祧挑佻(恌)	——宵·透·平
tiáo	條筿鋚(鞗)鰷調調和蜩	——幽·定·平
	岧苕迢齠銚長矛	——宵·定·平
tiǎo	窕誂	——宵·定·上
	挑挑戰朓	——宵·透·平
tiào	趒(跳)	——宵·定·平

① 忝，有的古音學家歸談部。

	覜(眺)朓(祧)	——宵・透・去
	糶	——藥・透・長入
tiē	帖妥帖怗跕	——葉・透・入
	聑	——葉・端・入
tiě	帖請帖	——葉・透・入
	蛈鐵驖	——質・透・入
	臷	——質・定・入
tiè	飻	——月・透・入
tīng	汀艼桯聽	——耕・透・平
tíng	亭停楟渟葶廷庭筳莛 蜓筵霆綎	——耕・定・平
tǐng	町壬①侹脡珽頲	——耕・透・上
	挺娗鋌梃艇	——耕・定・上
tōng	通恫(痌)	——東・透・平
tóng	同侗挏筒筩桐衕銅 鮦潼童僮潼瞳穜罿 彤赨鴝鴝渠,鳥名蟲 (爞)爞	——東・定・平 ——冬・定・平
tǒng	桶	——東・透・上

① “壬”是“廷”的聲符,非“任”的聲符“壬”(rén)。

　　統　——東·透·去
tòng　痛　——東·透·去
　　慟　——東·定·去
tōu　偷(媮)　——侯·透·平
tóu　投頭牏(褕)緰　——侯·定·平
tǒu　妵黈　——侯·透·上
tòu　透①　——侯·透·去
tū　悇瑹　——魚·透·平
　　禿　——屋·透·入
　　突葖　——物·定·入
tú　徒屠瘏圖嵞捈涂蒤荼
　　途跿酴駼鵌　——魚·定·平
　　腯　——物·定·入
　　菟於菟稌　——魚·透·平
tǔ　土吐芏　——魚·透·上
tù　吐嘔吐　——魚·透·上
　　兔菟菟絲　——魚·透·去
tuān　湍煓貒䵎　——元·透·平
tuán　團剸慱漙槫摶篿蓴

① “透”字不見于一般先秦兩漢典籍，唯《文選》左思《吴都賦》注引《方言》有“透”字。

	鷒鶇	——元・定・平
tuǎn	疃(畽)[1]	——元・透・上
tuàn	彖褖	——元・透・去
tuī	推蓷	——微・透・平
tuí	僓瘖蘈蹪穨(頹)隤魋	——微・定・平
tuì	退	——物・透・長入
	侻恰好蜕駾	——月・透・長入
tūn	吞暾焞炖涒	——文・透・平
tún	屯忳庉沌豘(肫)芚軘	
	飩豚臀	——文・定・平
tuō	拕(拖)佗(他)其佗	
	痑馬病	——歌・透・平
	託侂	——鐸・透・入
	脱捝棁	——月・透・入
tuó	佗(陀)	——歌・透・平
	阤詑沱紽鞁酡鮀跎駝	
	鼉(鱓)驒	——歌・定・平
	橐	——鐸・透・入
tuǒ	妥陏(隋)橢(嶞)	——歌・透・上

① 疃(畽),《廣韵》吐緩切。有的古音學家歸東部。

tuò 唾毻 ——歌・透・去

柝(榛)拓沰籜蘀

魄落魄 ——鐸・透・入

跅弛 tuò chí

跅 ——鐸・透・入

弛 ——歌・書・平

侻簡易 ——月・透・入

W

wā	窊(窳)	——魚·影·平
	哇洼(窐窪)蛙鼃	——支·影·平
	媧	——歌·見·平
	穵(挖)	——物·影·入
wá	娃美女也[①]	——支·影·平
wǎ	瓦	——歌·疑·上
wà	瓦施瓦于屋	——歌·疑·上
	韈(襪絲)	——月·明·入
wāi	咼	——歌·溪·平
wài	外	——月·疑·長入
wān	彎剜蜿婠	——元·影·平
wán	园(刓)忨抏頑	——元·疑·平
	完丸汍芄紈	——元·匣·平
	玩翫[②]	——元·疑·去
wǎn	莞莞爾皖	——元·匣·上
	娶宛婉梡晼惋踠(碗盌)	
	琬菀綰	——元·影·上

① 今"娃娃"的"娃"是後起的。

② 玩翫,《廣韵》五换切,舊讀去聲 wàn。

	娩婉娩挽晚輓	——元·明·上
	脘[1]	——元·見·上
wàn	萬槾蔓瓜蔓鳗脕	——元·明·去
	翫	——元·疑·平
	椀(腕)	——元·影·去
wāng	汪尪	——陽·影·平
wáng	亡	——陽·明·平
	王名詞	——陽·匣·平
wǎng	枉	——陽·影·上
	往涯	——陽·匣·上
	网(網)罔惘蝄誷輞	——陽·明·上
	魍魎 wǎng liǎng	
	魍(蝄蛧)	——陽·明·上
	魎(閬)	——陽·來·上
wàng	忘望(朢)	——陽·明·平
	妄	——陽·明·去
	旺(暀)王動詞迋	——陽·匣·去
wēi	散微薇溦	——微·明·平
	威渨煨椳隈煨㮃踒	——微·影·平

① 脘,《廣韻》古滿切,舊讀 guǎn。

葳蕤 wēi ruí

葳 ——微·影·平

蕤 ——微·日·平

崴嵬 wēi wéi

崴 ——微·影·平

嵬 ——微·疑·平

委蛇 wēi yí

委(逶逶) ——微·影·平

蛇(迆迤移簃) ——歌·喻·平

危[①]巍 ——微·疑·平

wéi 爲作爲鄬 ——歌·匣·平

唯蓶惟維濰 ——微·喻·平

嵬 ——微·疑·平

囗韋湋圍違幃闈潿

帷(匶) ——微·匣·平

wěi 僞 ——歌·疑·上

洧痏鮪 ——之·匣·上

蔿蘤薳闟 ——歌·匣·上

尾娓亹 ——微·明·上

---

① 危,《廣韵》魚爲切,舊讀 wéi。有的古音學家入歌部或支部。

猥崼碨腲磈委萎①

蜲諉 ——微·影·上

偉煒媁愇瑋葦湋緯②

韙韡 ——微·匣·上

隗 ——微·疑·上

痿逶 ——微·影·平

wèi 爲助也，又介詞 ——歌·匣·平

衛𢖍(讆)衞熭轊鏏 ——月·匣·長入

躗 ——月·曉·長入

未味菋 ——物·明·長入

尉慰熨罻蔚螱(蝟)

褽 ——物·影·長入

胃渭媦煟蝟緭謂 ——物·匣·長入

餧(餵) ——微·影·去

畏 ——微·影·平

魏磑石磨 ——微·疑·平

遺蜼䗽 ——微·喻·平

位 ——物·匣·長入

---

① 萎，《廣韵》於爲切，舊讀平聲 wēi。

② 緯，《廣韵》于貴切，屬去聲未韵。

wēn	昷(𥁕)温轀𥁕殟薀猛	——文·影·平
wén	文彣芠蚉(蚊)鳼聞閿(閺)	——文·明·平
wěn	抆紊[1]吻刎(歾)	——文·明·上
wèn	問文文飾璺	——文·明·去
	汶	——文·明·平
wēng	翁篛螉鶲	——東·影·平
wěng	塕滃蓊蓊	——東·影·上
wèng	瓮甕(罋)	——東·影·去
wō	蝸	——歌·見·平
	倭涹踒	——微·影·平
	喔	——屋·影·入
wǒ	我	——歌·疑·上
wò	臥	——歌·疑·去
	沃	——藥·影·入
	渥握偓幄楃	——屋·影·入
	偓促 wò chuò	
	偓(齷)	——屋·影·入
	促(齪)	——屋·初·入
	斡	——月·影·入

① 抆紊,《廣韵》武粉切,上聲吻韵;又亡運切,去聲問韵。

wū　圬杇污洿窏烏歍鄔

惡何也

於於戲嗚　——魚・影・平

於菟 wū tú

於　——魚・影・平

菟　——魚・透・平

嗚呼 wū hū

嗚(烏於)　——魚・影・平

呼(戲)　——魚・曉・平

巫誣　——魚・明・平

屋剭　——屋・影・入

wú　無蕪璑毋莁　——魚・明・平

吾浯梧珸郚鼯吴　——魚・疑・平

wǔ　武珷(碔)舞儛憮潕廡

嫵(娬)膴甒　——魚・明・上

五伍午忤仵迕(逜)牾　——魚・疑・上

侮倸　——侯・明・上

wù　敄務婺瞀霧(雺)騖鶩　——侯・明・平

俉悟寤晤寤铻誤(悮)　——魚・疑・平

戊　——幽・明・平

隖(塢)　——魚・影・上

惡厭惡噁蘁——鐸・影・長入

鋈——藥・影・入

兀杌軏阢扤卼——物・疑・入

勿沕物昒芴——物・明・入

X

xī 僖熹嘻(誒)熺歖嬉(娭)

譆熙嫛 ——之・曉・平

醯(醘) ——支・曉・平

兮奚傒徯嫨榽螇蹊豯

鼷蠵觽酅鑴 ——支・匣・平

溪谿(磎) ——支・溪・平

撕 ——支・心・平

羲犧 ——歌・曉・平

西恓栖犀棲 ——脂・心・平

希俙悕晞稀唏睎豨莃

郗 ——微・曉・平

欷歔 xī xū

　欷 ——微・曉・平

　歔 ——魚・曉・平

息熄𣙚鄎瘜蒠 ——職・心・入

析(𣏂)淅晳(晰)菥蜥

錫裼祖裼緆 ——錫・心・入

悉僁 ——質・心・入

蟋蟀 xī shuài

	蟋	——質·心·入
	蟀	——物·心·入
	肸	——物·曉·入
	昔惜腊干肉舄	——鐸·心·入
	夕穸汐	——鐸·邪·入
	吸翕潝郤翖闟	——緝·曉·入
xí	榿	——支·曉·平
	奚驨	——支·匣·平
	檄	——藥·匣·入
	席蓆	——鐸·邪·入
	覡	——錫·匣·入
	習槢褶鰼隰襲	——緝·邪·入
xǐ	喜憙	——之·曉·上
	諰(葸)枲鰓	——之·心·上
	禧[1]	——之·曉·平
	徙	——支·心·上
	漇縰蓰�纚躧(蹝屣)	——支·生·上
	璽	——脂·心·上
	洗銑[2]	——文·心·上

① 禧,《廣韵》許其切,舊讀 xī。

② 洗銑,今又讀 xiǎn,"洗"同"冼"。

xì	盻系係繫	——錫·匣·長入
	謑恥也	——支·匣·上
	戲①	——魚·曉·平
	細洒	——脂·心·去
	咥呬㣆	——質·曉·入
	鬩瀱	——錫·曉·入
	妎禊	——月·匣·長入
	愾熂餼	——物·曉·長入
	忔釳	——物·曉·入
	舄潟蕮	——鐸·心·入
	郤(郄)綌㙂隙覤	——鐸·溪·入
	虩	——鐸·曉·入
	赩赩	——職·曉·入
xiā	呷嗑	——葉·曉·入
	呀鰕(蝦)	——魚·曉·平
xiá	瑕葭暇②遐騢霞騢	——魚·匣·平
	轄(舝鎋)	——月·匣·入
	俠狹(陜)挾峽陿硤匣	
	狎柙	——葉·匣·入

① 戲，又讀 hū，有的古音學家歸入歌部。

② 暇，《廣韻》胡駕切，屬去聲禡韻。

	祫	——緝·匣·入
	黠頡	——質·匣·入
xiǎ	閜	——歌·曉·上
xià	下芐夏廈[①]	——魚·匣·上
	罅嚇	——魚·曉·去
xiān	鮮(鱻)新鮮躚跹蹮僊(仙)	——元·心·平
	先侁姺詵駪	——文·心·平
	掀	——文·曉·平
	韱鐵纖孅懺襳憸銛錟	——談·心·平
xián	閒	——元·見·平
	閑瀾嫺(嫻)瞯癇鷴騆	——元·匣·平
	涎唌次	——元·邪·平
	賢礥伭弦(絃)胘蚿茿	
	舷誸	——真·匣·平
	嫌(慊)嗛	——談·匣·平
	咸(鹹)諴醎銜	——侵·匣·平
xiǎn	鮮少也廯癬[②]尟	——元·心·上
	顯蜆韅	——元·曉·上
	洗(洒)毨銑跣燹	——文·心·上

① 廈,《廣韻》胡雅切,今讀 shà。

② 癬,《廣韻》息淺切,今又讀 xuǎn。

	獮秋獵	——真・心・上
	險譣	——談・曉・上
	獫狁 xiǎn yǔn	
	獫（玁）	——談・曉・上
	狁	——文・喻・上
xiàn	綫	——元・邪・去
	羡遂霰（霓）	——元・邪・去
	綫（線）	——元・心・去
	俔晛睍蜆僩憪不安貌撊	——元・匣・上
	憲獻	——元・曉・上
	縣見（現）[①]	——元・匣・平
	莧	——元・匣・去
	限	——文・匣・上
	獫鼸壏	——談・匣・上
	臽陷餡	——談・匣・去
xiāng	相互相湘箱（廂）緗	
	襄儴瓖鑲纕驤	——陽・心・平
	香皀鄉薌膷	——陽・曉・平
	舡	——東・曉・平

① 縣，《廣韵》黄練切；見，《廣韵》胡甸切，均已屬去聲霰韵。

xiáng 降降伏 ——冬·匣·平

祥庠痒翔詳 ——陽·邪·平

xiǎng 享(亨)饗 ——陽·曉·平

想 ——陽·心·上

響鄉蠁 ——陽·曉·上

饟(餉) ——陽·書·去

xiàng 項缿 ——東·匣·上

巷(衖) ——東·匣·去

降降婁,星名 ——冬·匣·去

相相助 ——陽·心·平

象像蟓橡襐 ——陽·邪·上

向嚮 ——陽·曉·去

xiāo 哮虓(猇)烋炰烋嘐獿 ——幽·曉·平

櫹瀟蕭簫蠨翛 ——幽·心·平

消宵綃霄銷痟萷踃 ——宵·心·平

逍遥 xiāo yáo

逍 ——宵·心·平

遥 ——宵·喻·平

枵囂嘵憢獟嗃歊猺

謞鐈 ——宵·曉·平

梟驍 ——宵·見·平

	鴞	——宵·匣·平
	削箾	——藥·心·入
xiáo	崤殽淆洨	——宵·匣·平
xiǎo	筱(篠)謏	——幽·心·上
	小	——宵·心·上
	曉	——宵·曉·上
xiào	嘯(歗)	——幽·心·去
	孝	——幽·曉·去
	斆①	——覺·匣·長入
	肖鞘	——宵·心·平
	笑(咲)	——宵·心·去
	效校傚恔詨	——宵·匣·去
xiē	些②	——歌·心·平
	楔	——月·心·入
	歇猲	——月·曉·入
xié	邪(衺)斜	——魚·邪·平
	膎鞵(鞋)擕攜	——支·匣·平
	偕	——脂·見·平

① 斆,《廣韻》胡教切,今又讀 xué,同"學"。

② 些,《廣韻》分入麻(寫邪切)、霽(蘇計切)、箇(蘇箇切)三韻,在箇韻注云"楚語辭",今念 suò。

諧(龤) ——脂·匣·平

擷襭㩉 ——質·匣·入

頡頏 xié háng

頡 ——質·匣·入

頏 ——陽·匣·平

絜度也[①]縻 ——月·匣·入

劦協(叶)勰挾 ——葉·匣·入

脅(脇)拹嚐歙 ——葉·曉·入

xiě 寫 ——魚·心·上

血[②] ——質·曉·入

xiè 卸瀉 ——魚·心·去

解懈蟹(蠏)邂獬薢澥 ——支·匣·上

邂逅 xiè hòu

邂 ——支·匣·去

逅 ——侯·匣·去

灺(炧) ——歌·邪·上

械 ——職·匣·長入

謝榭 ——鐸·邪·長入

泄渫紲(絏)緤媟褻(㝕)

① 絜,《廣韻》胡結切,又古屑切,今讀 jié,同"潔"。

② 血,《廣韻》呼决切,今又讀 xuè。

	偰(契)禼	——月·心·入
	齘薤澥	——月·匣·長入
	屑	——質·心·入
	燮瓕躞屧	——葉·心·入
xīn	馨	——耕·曉·平
	辛新薪	——真·心·平
	欣昕忻炘訢	——文·曉·平
	心	——侵·心·平
	歆廞	——侵·曉·平
xín	尋[①]鐔	——侵·邪·平
xìn	信	——真·心·平
	囟	——真·心·去
	焮	——文·曉·平
	釁(衅)[②]璺	——文·曉·去
xīng	興興亡鄓	——蒸·曉·平
	星腥猩(狌)鮏騂[③]	——耕·心·平
xíng	行珩洐	——陽·匣·平
	餳	——陽·邪·平

① 尋,《廣韵》徐林切,今讀 xún。

② 有的古音學家認爲"釁"字的聲母在上古屬明母。

③ 騂,有的古音學家歸真部。

	刑侀形邢型硎鈃銒娙	
	陘陉滎	——耕・匣・平
xǐng	省渻婿眚	——耕・心・上
	醒	——耕・心・平
xìng	興興致	——蒸・曉・平
	杏莕荇	——陽・匣・上
	性姓	——耕・心・平
	幸倖悻涬婞緈	——耕・匣・上
xiōng	凶兇殶訩匈洶胸詾	——東・曉・平
	兄	——陽・曉・平
xióng	雄熊	——蒸・匣・平
xiòng	詗敻	——耕・曉・平
xiū	修脩羞	——幽・心・平
	休咻庥貅髤(髹)	——幽・曉・平
xiǔ	滫糔	——幽・心・上
	朽死殠	——幽・曉・上
	宿一宿	——覺・心・入
xiù	臭①齅(嗅)	——幽・曉・平
	珛	——之・曉・去

① 臭,念 xiù,氣味的意思。

	秀琇繡	——幽·心·去
	宿星宿	——覺·心·入
	岫袖褎(褏)	——幽·邪·去
xū	須嬃縝(顉)鬚需繻繻	——侯·心·平
	胥楈蝑諝湑姓	——魚·心·平
	吁盱訏嘘魖	——魚·曉·平
	虚墟	——魚·溪·平
	歔欷 xū xī	
	歔(嘘)	——魚·曉·平
	欷(唏)	——微·曉·平
	砉砉然	——錫·曉·入
	戌	——物·心·入
	欻	——物·曉·入
xú	徐	——魚·邪·平
xǔ	許(鄦)栩詡昫	——魚·曉·上
	湑清也糈稰醑	——魚·心·上
	姁敂	——侯·曉·上
xù	呴煦①	——侯·曉·上
	响昫酗(酗)	——侯·曉·去

① 呴,《廣韵》屬上聲麌韵,况羽切。煦,《廣韵》香句切,在去聲遇韵。

	序叙漵緒藇鱮鱮魚	——魚・邪・上
	絮壻(婿)	——魚・心・去
	竅畜	——職・曉・入
	畜畜牧[①]蓄慉旭勖(勗)	——覺・曉・入
	續	——屋・邪・入
	洫殈獝	——質・曉・入
	恤卹	——質・心・入
	怴	——月・曉・入
xuān	亘宣	——元・心・平
	喧(諠)瑄諼(萱)煖(暄煊)	
	儇嬛蠉譞翾軒駽	——元・曉・平
	懁[②]	——元・見・平
xuán	旋嫙(璇)璇(琁璿)淀(漩)	——元・邪・平
	縣(懸)睘	——元・匣・平
	玄眴滋	——真・匣・平
xuǎn	選癬(癬)	——元・心・上
	咺烜	——元・曉・上
xuàn	旋漩鏇縼	——元・邪・平
	楥(楦)	——元・曉・平

① 畜,《廣韻》許竹切,又丑救切,讀 chù,義爲名詞,畜牲。

② 懁,《廣韻》古縣切,舊讀 juàn。

	鞙	——元・匣・上
	眩	——真・匣・平
	泫鉉贙	——真・匣・上
	絢眴	——真・曉・去
	衒昡炫眩袨	——真・匣・去
xuē	鞾（靴）	——魚・曉・平
	削	——藥・心・入
	薛（辥）	——月・心・入
xué	學鷽鸒	——覺・匣・入
	穴	——質・匣・入
xuě	雪	——月・心・入
xuè	血[①]泬瞲	——質・曉・入
	狘	——月・曉・入
	謔	——藥・曉・入
xūn	熏（焄）燻臐薰勛（勳）	
	醺纁葷[②]塤（壎）	——文・曉・平
	獯鬻 xūn yù	
	獯（葷）	——文・曉・平
	鬻（粥育）	——覺・喻・入

① 血，今又讀 xiě。

② 葷，《集韵》許云切，讀 xūn，用于"葷鬻"；《廣韵》許云切，今讀 hūn，義指辛菜。

xún 峋洵恂珣郇荀詢栒 ——真·心·平

旬袧 ——真·邪·平

循巡紃軕通“巡” ——文·邪·平

尋燖潯鄩鱏(鱘) ——侵·邪·平

xùn 徇侚殉 ——真·邪·去

巽愻(遜)浚 ——文·心·去

濬迅汛卂訊 ——真·心·去

訓 ——文·曉·平

馴 ——文·邪·平

蕈 ——侵·從·上

Y

yā	鴉啞剄錏	——魚·影·平
	壓窨	——葉·影·入
yá	牙芽枒衙玡(琊)	——魚·疑·平
	厓嵉(啀)崖涯	——支·疑·平
	睚眦 yá zì	
	睚	——支·疑·平
	眦(眥)	——支·從·去
yǎ	啞	——魚·影·上
	庌雅(疋)	——魚·疑·上
yà	亞	——魚·影·去
	迓訝	——魚·疑·去
	揠猰(貏)窫	——月·影·入
	軋	——物·影·入
yān	焉何也鄢(隱)嫣蔫	
	燕燕國閼閼氏	——元·影·平
	焉于是溤	——元·匣·平
	咽珚喱煙(烟)	
	湮埋没黫	——真·影·平
	胭脂 yān zhī	

	胭	——真·影·平
	脂	——脂·章·平
	殷殷紅	——文·影·平
	淹腌醃閹懕(懨)渰淹没	——談·影·平
	崦嵫 yān zī	
	崦	——談·影·平
	嵫	——之·精·平
yán	言顔妍研揅芫[①]虤	——元·疑·平
	延埏狿蜒郔綖筵沿(沿鈆)	——元·喻·平
	嚴巖	——談·疑·平
	炎	——談·匣·平
	簷閻鹽閻壛櫩	——談·喻·平
	阽[②]	——侵·喻·平
	嵒喦	——侵·疑·平
yǎn	衍兖	——元·喻·上
	眼	——文·疑·上
	齞	——真·疑·上
	演[③]	——真·喻·上

① 芫,今又讀 yuán。

② 阽,《廣韻》余廉切,義爲臨近;今又讀 diàn。

③ 演,從屬真部的“寅”聲,有的古音學家歸入元部。

	甗巘齴	——元・疑・上
	匽偃郾蝘褗鰋鶠㫃	——元・影・上
	酓黤	——侵・影・上
	琰剡(掞)棪	——談・喻・上
	奄掩晻裺罨黤弇揜	
	渰黭檿黶	——談・影・上
	儼曮隒噞	——談・疑・上
yàn	旻晏宴鴳	——元・影・去
	彥諺喭唁雁鴈硯讞	——元・疑・去
	燕(鷰)嚥曣鷰讌醼傿	——元・影・平
	嬿	——元・影・上
	烻	——元・喻・去
	咽	——真・影・平
	猒厭(饜)	——談・影・平
	焱	——談・喻・上
	俺	——談・影・去
	豔(艷)錟(掞)爓	——談・喻・去
	驗醶(釅)	——談・疑・去
yāng	央泱殃秧鉠鞅[1]鴦	——陽・影・平

① 鞅,《廣韵》於兩切,屬上聲養韵。

yáng	羊洋佯徉昜揚(敭)煬(烊)	
	楊暘陽瘍瑒鍚(鐊)颺	——陽·喻·平
yǎng	仰	——陽·疑·上
	岟柍鞅駚	——陽·影·上
	養痒蛘(癢)	——陽·喻·上
yàng	怏①	——陽·影·上
	恙羕漾(瀁)樣煬	——陽·喻·去
yāo	夭妖枖[illegible]殀訞要要求	
	要(腰)喓褄葽幺邀徼要求	——宵·影·平
yáo	䍃䚻窰傜搖媱徭榣䔄	
	瑤[illegible]謠遙繇䌛颻鰩鷂	
	猶通"搖"姚洮水名烑珧	
	銚軺	——宵·喻·平
	垚堯僥嶢蕘	——宵·疑·平
	爻肴(餚)	——宵·匣·平
	陶皋陶	——幽·定·平
yǎo	窈狕[illegible]鴢	——幽·影·上
	窅杳宎(窔)[illegible]偠騕	——宵·影·上
	齩(咬)	——宵·疑·上

① 怏,《廣韻》又於亮切,屬去聲漾韻。

	舀䚻	——宵·喻·上
yào	要重要	——宵·影·平
	鷂	——宵·喻·平
	藥鑰	——藥·喻·入
	耀燿躍曜覞	——藥·喻·長入
	樂喜好[①]	——藥·疑·長入
yē	掖	——鐸·喻·入
	噎(餲)饐	——質·影·入
yé	耶邪琊鋣	——魚·喻·平
yě	冶野(壄)	——魚·喻·上
	也	——歌·喻·上
yè	液亦(腋)	——鐸·喻·入
	夜射僕射	——鐸·喻·長入
	謁	——月·影·入
	咽哽咽	——質·影·入
	抴(曳拽)	——月·喻·入
	葉枼(頁)楪鍱	——葉·喻·入
	葉古邑名;姓[②]	——葉·書·入

① 樂,《廣韵》五教切,念 yào;又五角切、盧各切,分别讀 yuè(義爲音樂)和 lè(義爲快樂)。

② 葉,用于古邑名及姓,書涉切,舊讀 shè。

業鄴䥶(嶫) ——葉·疑·入

饁曄燁 ——葉·匣·入

擫(壓)靨殗 ——葉·影·入

yī 醫(毉)噫噫嘻 ——之·影·平

緊黟[①]鷖黳 ——支·影·平

嫛婗 yī ní

嫛 ——支·影·平

婗(倪) ——支·疑·平

猗椅山桐子漪陭 ——歌·影·平

伊蛜蛜 ——脂·影·平

衣依㣇禕美好郼 ——微·影·平

一壹 ——質·影·入

揖(挹) ——緝·影·入

yí 疑嶷觺譺 ——之·疑·平

台怡眙飴詒貽圯匜宧頤 ——之·喻·平

虒 ——支·喻·平

宜儀鸃 ——歌·疑·平

栘移迻簃迆(迤)匜杝(栘)

袘(椸)訑(詑)貤移動椸

① 黟,從“多”聲,有的古音學家歸歌部。

	箷誃謻蛇委蛇	——歌·喻·平
	夷侇桋羠跠荑洟咦姨	
	痍彛	——脂·喻·平
	狋	——脂·疑·平
	沂	——微·疑·平
	遺	——微·喻·平
yǐ	以苡已目苢佁	——之·喻·上
	矣	——之·匣·上
	椅倚輢	——歌·影·上
	旖旎 yǐ nǐ	
	旖	——歌·影·上
	旎	——脂·泥·上
	崺檥蟻(蛾)艤轙齮	
	踦用力抵住	
	錡兵器架	——歌·疑·上
	迆(迤)酏阤	——歌·喻·上
	扆偯	——微·影·上
	螘顗	——微·疑·上
	尾①	——微·明·上

① 尾,《廣韻》無匪切,又念 wěi。

	乙鳦	——質·影·入
yì	殹翳鷖杙	——支·影·去
	嶷	——之·疑·去
	貤重復	——歌·喻·去
	義(羛)議誼	——歌·疑·去
	詣羿	——脂·疑·去
	意鷾	——職·影·長入
	肊(臆)億澺薏繶醷抑	——職·影·長入
	廙翼瀷蔾弋杙芅翊	——職·喻·入
	异異	——職·喻·長入
	亦帟奕弈睪圛斁繹 譯懌驛嶧燡醳射厭也	——鐸·喻·入
	易[①]埸役(伇)疫坄(投)	
	鎰	——錫·喻·入
	益嗌溢[②]膉齸	——錫·影·入
	縊	——錫·影·長入
	艗鶂鷁鷊(虉)	——錫·疑·入
	泄枻袣詍跇勩栧洩裔	——月·喻·長入

① 易,《廣韵》有兩讀,難易的"易"以豉切,屬去聲寘韵;交易的"易",羊益切,屬入聲昔韵。

② 溢,有的古音學家歸質部。

執蓺(藝)乂刈艾忞劓 ——月·疑·長入

噎撎殪豷懿饐肄(肆) ——質·影·長入

佚泆昳昳麗軼駃逸佾 ——質·喻·入

昳麗 yì lì

昳 ——質·喻·入

麗 ——支·來·去

衮毅仡屹忔 ——物·疑·入

藙(藾) ——物·疑·長入

邑俋唈浥挹悒(唈)裛 ——緝·影·入

熠[①]翊翌[②] ——緝·喻·入

瘞 ——葉·影·入

yīn 因姻(婣)茵裀鞇駰

垔湮堙禋磴緸禋闉陻 ——真·影·平

絪緼 yīn yún

絪(氤烟) ——真·影·平

緼(氳煴) ——文·影·平

殷 ——文·影·平

慇懃 yīn qín

---

① 熠,《廣韵》又爲立切,屬匣母。

② 翊翌,《廣韵》屬職韵,故有的古音學家歸職部,但此二字均從“立”聲,并常與緝部字相押,故上古音當屬緝部。

	慇	——文·影·平
	懃	——文·群·平
	音喑愔瘖侌陰蔭樹蔭	——侵·影·平
yín	寅夤	——真·喻·平
	嚚嚚	——真·疑·平
	垠(墍)鄞齗齦銀	
	狺誾①	——文·疑·平
	吟唫崟	——侵·疑·平
	㸒淫婬霪蟫鷣	——侵·喻·平
yǐn	廴引蚓靷紖螾	——真·喻·上
	尹	——文·喻·上
	㥯隱讔(檼)讔轀	
	殷雷聲	——文·影·上
	听笑貌	——文·疑·上
	飲(㱃)	——侵·影·上
yìn	印	——真·影·去
	胤酳	——真·喻·去
	憖垽	——文·疑·去
	飲飲馬	——侵·影·上

① 狺誾，從"言"聲，有的古音學家歸元部。

	陰(蔭)窨癊	——侵·影·去
yīng	應膺鷹𧕍	——蒸·影·去
	英瑛霙	——陽·影·平
	賏罌攖櫻嚶纓蘡蠳	
	鸎罃(甖)罌嫈罃鶯	——耕·影·平
	鸚鵡 yīng wǔ	
	鸚	——耕·影·平
	鵡(䳇)①	——魚·明·上
yíng	蠅	——蒸·喻·平
	迎	——陽·疑·平
	盈楹贏嬴瀛籯塋營瞖	
	營鎣	——耕·喻·平
	熒瑩滎②禜螢謍	——耕·匣·平
	縈	——耕·影·平
yǐng	景(影)	——陽·影·上
	廮癭	——耕·影·上
	郢穎潁梬	——耕·喻·上
yìng	映	——陽·影·去
	應(譍)應對	——蒸·影·平

① 鵡,有的古音學家歸侯部,有的歸之部。

② 滎,《廣韵》户扃切,今又讀 xíng。

	塍繩草結子	——蒸・喻・去
yōng	邕雝廱灉(澭)癰雍噰	
	壅擁[①]臃饔	——東・影・平
	庸傭墉滽鄘鏞鱅(鰫)	——東・喻・平
yóng	禺(鰅)喁顒	——東・疑・平
yǒng	甬俑涌(湧)勇恿(慂)	
	蛹踊(踴)嵱	——東・喻・上
	永詠(咏)泳[②]	——陽・匣・上
yòng	用	——東・喻・去
	醟	——耕・匣・去
yōu	幽幽蠍呦惪憂(懮)	
	嚘優瀀櫌(耰)纋鄾麀	——幽・影・平
	攸悠儵滺	——幽・喻・平
yóu	尤沋疣肬訧郵	——之・匣・平
	由油怞袖浟斿游遊蝣庮	
	栖猶猷蝤輶蕕逌	——幽・喻・平
	蚰蜒 yóu yán	
	蚰	——幽・喻・平
	蜒(蝘)	——元・喻・平

① 擁,《廣韻》於隴切,屬上聲腫韻;而《集韻》於容切,屬平聲鍾韻。

② 詠泳,《廣韻》爲命切,屬去聲映韻。

	繇[1]	——宵·喻·平
yǒu	有栯友	——之·匣·上
	羑	——之·喻·上
	酉槱卣牖莠	——幽·喻·上
	眑蚴黝泑	——幽·影·上
yòu	又右佑祐有侑宥囿[2]	——之·匣·上
	誘貁(狖)	——幽·喻·上
	柚鼬褎櫾	——幽·喻·去
	幼	——幽·影·去
yū	於姓淤瘀菸菸邑迂紆(汙)	——魚·影·平
	瘉	——侯·喻·平
yú	禺堣湡嵎愚隅鰅	——侯·疑·平
	俞渝揄愉瑜榆歈羭褕逾	
	踰蝓隃覦窬藸闟臾	
	楰腴(腧)諛	——侯·喻·平
	魚𩵋(漁)虞娛	——魚·疑·平
	雩玗邘竽盂于杅謣	——魚·匣·平
	余餘畬舁與(歟)輿懙	
	璵旟	——魚·喻·平

① 繇，今又讀 yáo。有的古音學家歸幽部。

② "又右……"等字，《廣韻》于救切，已入去聲宥韻。

	予我仔好	——魚·喻·上
yǔ	庾瘐	——侯·喻·上
	瘉	——侯·疑·平
	傴僂 yǔ lǚ	
	傴	——侯·影·上
	僂	——侯·來·上
	宇羽雨禹偊寓楀瑀郰	
	萬蝺駝背	——魚·匣·上
	圄敔語齬圉俁噳(麌)	——魚·疑·上
	与與予給予瓜窳	——魚·喻·上
yù	禺猴屬寓遇	——侯·疑·去
	喻諭	——侯·喻·去
	嫗醧饇飫①	——侯·影·去
	愈瘉(癒)	——侯·喻·上
	芋②	——魚·匣·平
	御(馭)禦衙籞	——魚·疑·上
	與參與礜薁舉鸒譽③	——魚·喻·平
	豫預	——魚·喻·去

① “飫”從“夭”聲，依聲符當入宵部或藥部，但在《詩經》裏常與侯部字相押。

② 芋，《廣韻》王遇切，已屬去聲遇韻。

③ 譽，《廣韻》有平、去兩讀，平聲以諸切，稱也；去聲羊洳切，稱美也。

昱煜 ——職·喻·入

郁彧 ——職·影·入

域棫淢緎罭蜮(蜮)

魊閾 ——職·匣·入

奥澳墺燠隩水邊也

薁蘡薁篽 ——覺·影·入

育淯焴儥(賣)毓

粥(鬻) ——覺·喻·入

籲 ——藥·喻·長入

浴欲慾裕鋊鵒 ——屋·喻·入

玉砡獄 ——屋·疑·入

獄豻 yù àn

　獄 ——屋·疑·入

　豻(犴) ——元·疑·平

聿矞噊繘潏遹蟠驈鱊

鷸鴥 ——質·喻·入

尉姓蔚蔚州鬱 ——物·影·入

yuān 冤宛涴智鴛肙弲悁

痟蜎 ——元·影·平

鴛鴦 yuān yāng

　鴛 ——元·影·平

	鴦	——陽·影·平
	鳶	——元·喻·平
	淵淵蜵	——真·影·平
yuán	元沅芫邧蚖黿(黿)原	
	源嫄蒝螈騵謜	——元·疑·平
	袁園榬轅爰媛嬋媛援湲	
	猨(猿)蝯垣圜	——元·匣·平
	緣蝝	——元·喻·平
	員圓[①]隕通"圓"	——文·匣·平
yuǎn	遠[②]	——元·匣·上
yuàn	媛美女	——元·匣·平
	夗苑	——元·影·上
	怨	——元·影·去
	願愿	——元·疑·去
	院瑗褑	——元·匣·去
	掾	——元·喻·去
yuē	約	——藥·影·入
	蒦矱彠	——鐸·影·入
	曰	——月·匣·入

① 員圓,有的古音學家歸元部。

② 遠,《廣韵》有雲阮、于願二切,分屬上聲阮韵和去聲願韵。

yuě	噦	——月·影·入
yuè	龠瀹爚禴(礿)祭名	
	籥籥鑰①躍(趯)	——藥·喻·入
	樂音樂	——藥·疑·入
	葯白芷	——藥·影·入
	篗(籆)	——鐸·喻·入
	岳嶽鸑	——屋·疑·入
	悦説②閲	——月·喻·入
	月刖抈跀軏	——月·疑·入
	戉絨越鉞樾粵	——月·匣·入
	黦(黦)	——月·影·入
yūn	煴緼(氳)蝹	——文·影·平
	暈暈厥	——文·匣·平
yún	匀畇(畬)	——真·喻·平
	筠	——真·匣·平
	云沄妘紜芸雲澐	
	員伍員湏煩䉙(耘)鄖	——文·匣·平
yǔn	允狁通"允"	——文·喻·上
	隕(磒)殞霣抎	——文·匣·上

---

① 鑰,今又讀 yào。

② 説,念 yuè,同"悦"。

yùn 孕[①] ——蒸·喻·平

薀蕴惲韞 ——文·影·上

褞緼 ——文·影·平

醖釀 yùn niàng

醖 ——文·影·上

釀 ——陽·泥·去

愠(慍)温通"蕴"緼 ——文·影·去

暈月暈 ——文·匣·平

運鄆均(韻)韗餫 ——文·匣·去

---

① 孕,《廣韵》以證切,已屬去聲證韵。

Z

zā	帀(匝)鉔	——緝·精·入
zá	囋巀	——月·從·入
	磼襍(雜)雥	——緝·從·入
zāi	𢦏哉栽烖(災灾)巛甾	——之·精·平
zǎi	宰載年也	——之·精·上
zài	在	——之·從·上
	截醋	——之·從·去
	載運載①	——之·精·上
	再縡	——之·精·去
zān	簪鐕	——侵·精·平
zǎn	寁	——談·精·上
zàn	瓚	——元·從·上
	贊酇讚饡	——元·精·去
	鏨②	——談·從·平
	暫蹔	——談·從·去
zāng	牂牂臧藏草名贓	——陽·精·平
zǎng	駔	——陽·精·上

① 載,《廣韵》作代切,已屬去聲代韵。

② 鏨,《廣韵》分見于平聲談韵、上聲敢韵和去聲闞韵。

zàng 藏寳藏臧同"藏" ——陽・從・平

奘 ——陽・從・上

葬 ——陽・精・去

zāo 熩遭糟(醩) ——幽・精・平

záo 鑿 ——藥・從・入

zǎo 早棗蚤 ——幽・精・上

澡璪藻璅繰薻 ——宵・精・上

zào 造皁(皂) ——幽・從・上

慥簉 ——幽・清・去

燥 ——宵・心・上

躁趮 ——宵・精・去

喿(噪)譟 ——宵・心・去

竈 ——覺・精・長入

zé 則 ——職・精・入

澤擇①襗 ——鐸・定・入

唶柞伐木迮笮 ——鐸・莊・入

矠齰(齚) ——鐸・崇・入

責嘖幘謮簀賾 ——錫・莊・入

zè 仄昃側②萴 ——職・莊・入

---

① 擇,《廣韵》場伯切,今又讀 zhāi。

② 側,念 zè,同"仄",《廣韵》阻力切,今又念 cè。

zéi	賊鰂（鯽）	——職・從・入
zèn	譖	——侵・莊・平
zēng	曾增憎潧矰罾	——蒸・精・平
	繒[①]鄫	——蒸・從・平
zèng	甑䙢	——蒸・精・去
	贈	——蒸・從・去
zhā	樝（楂）皻（皶）	
	齟齒不齊	——魚・莊・平
	哳嘲哳	——月・端・入
zhá	札蚻	——月・莊・入
	喋[②]霅	——葉・定・入
	閘	——葉・影・入
zhǎ	鮓	——鐸・莊・長入
zhà	詐	——鐸・莊・長入
	乍蜡（褯）	——鐸・崇・長入
	吒（咤）叱咤	——鐸・端・長入
	栅栅欄	——錫・初・長入
zhāi	齊（齋）	——脂・莊・平
	摘	——錫・端・入

① 繒，《廣韵》疾陵切，聲母爲從；而《集韵》咨騰切，聲母爲精。

② 喋，《廣韵》丈甲切；又徒協切，讀 dié。

zhái	宅擇檡	——鐸·定·入
	翟	——藥·定·入
zhǎi	窄	——鐸·莊·入
zhài	廌	——支·定·上
	責(債)	——錫·莊·長入
	祭姓瘵	——月·莊·長入
zhān	旃(旜)氈饘鸇飦䉽	——元·章·平
	邅驙鱣	——元·端·平
	占占卜蛅	——談·章·平
	沾霑	——談·端·平
	产詹瞻噡(譫)薝讝	——談·章·平
zhǎn	㞡展蹍	——元·端·上
	輾轉 zhǎn zhuǎn	
	輾	——元·端·上
	轉	——元·端·上
	醆琖(盞)	——元·莊·上
	斬	——談·莊·上
zhàn	戰顫	——元·章·去
	棧①棧虥轏(輚)	——元·崇·上

① 棧,《廣韵》士諫切,屬去聲諫韵;《集韵》有上聲阻限切一讀。

	襢	——元・端・去
	組(綻)袒驏	——元・定・去
	湛	——侵・定・上
	蘸	——談・莊・去
zhāng	章傽樟獐漳彰璋鄣	
	蔁麞	——陽・章・平
	張粻	——陽・端・平
	餦餭 zhāng huáng	
	餦	——陽・端・平
	餭	——陽・匣・平
zhǎng	掌	——陽・章・上
	長生長	——陽・端・上
zhàng	障	——陽・章・平
	丈杖仗	——陽・定・上
	帳脹(張)	——陽・端・去
zhāo	鵃	——幽・端・平
	啁哳 zhāo zhā	
	啁	——幽・端・平
	哳	——月・端・入
	摷樔	——宵・莊・平
	昭招鉊釗	——宵・章・平

	朝朝夕鼂通"朝"	——宵·端·平
zháo	著(着)附著	——鐸·定·入
zhǎo	爪[①]蚤璪	——幽·莊·上
	沼菬	——宵·章·上
zhào	召[②]	——宵·章·平
	兆垗狣䂏旐鮡趙庫	
	肇肈	——宵·定·上
	照炤詔	——宵·章·去
	罩	——藥·端·長入
	櫂(棹)淖和也	——藥·定·長入
zhē	遮	——魚·章·平
zhé	磔(矺)虴	——鐸·端·長入
	讁(謫)[③]	——錫·端·入
	哲(喆)悊	——月·端·入
	折折斷晢(晣)	——月·章·入
	轍	——月·定·入
	蟄摺	——緝·定·入

① 爪,今口語又念 zhuǎ,有的古音學家將"爪"字歸入宵部。

② "召"字在《廣韻》有兩讀:召集義念上遥切,屬平聲宵韵,號召義念直照切,屬去聲笑韵。

③ 讁,《廣韻》陟革切,又丈厄切,上古屬定母。

	慹	——緝·章·入
	牒	——葉·定·入
	耴輒鮿	——葉·端·入
	摺讋	——葉·章·入
zhě	者赭	——魚·章·上
zhè	蔗蟅(䗪)柘	——鐸·章·長入
	浙	——月·章·入
zhēn	貞湞楨禎	——耕·端·平
	珍①	——真·端·平
	真甄薽砛	——真·章·平
	臻榛溱蓁轃	——真·莊·平
	胗脣瘍也②	——真·章·上
	椹砧	——侵·端·平
	斟箴鍼(針)葴	——侵·章·平
zhěn	㐱畛袗眕疹紾軫診	
	稹縝鬒(黰)	——真·章·上
	枕煩	——侵·章·上
zhèn	鎮	——真·章·平
	瑱	——真·章·去

① 有的古音學家于從"㐱"聲的字歸文部。

② 胗,《廣韵》章忍切,義爲嘴脣潰瘍;今用于鳥胃義,念平聲。

	紖(緖)	——真·定·上
	陳(陣)[①]	——真·定·平
	振震	——文·章·平
	賑裖[②]	——文·章·上
	椹揕	——侵·端·去
	朕	——侵·定·上
	鴆(酖)[③]	——侵·定·去
zhēng	徵癥	——蒸·端·平
	烝蒸脀	——蒸·章·平
	丁丁丁(象聲詞)	——耕·端·平
	爭崢箏猙綪	——耕·莊·平
	錚	——耕·初·平
	正正旦佂怔征鉦	——耕·章·平
zhěng	拯撜	——蒸·章·上
	整	——耕·章·上
zhèng	證	——蒸·章·平
	鄭	——耕·定·去
	正	——耕·章·平

① 陳(陣),《廣韵》直刃切,已屬去聲震韵。

② 振震裖賑,《廣韵》之刃切,已屬去聲震韵。

③ 酖,酖樂義,今讀 dān。

	政証	——耕·章·去
	諍	——耕·莊·去
zhī	之芝	——之·章·平
	知	——支·端·平
	鼅鼄 zhī zhū	
	鼅(蜘)	——支·端·平
	鼄(蛛)	——魚·端·平
	支枝䧳肢鳷巵(卮)梔	
	氏月氏衹胑疷	——支·章·平
	氐胝秪	——脂·端·平
	脂泜祗榰	——脂·章·平
	織蘵	——職·章·入
	隻	——鐸·章·入
	汁	——緝·章·入
zhí	直值犆膱	——職·定·入
	職樴膱蟙	——職·章·入
	埴殖植	——職·禪·入
	摭(拓)蹠跖	——鐸·章·入
	蹢[1]	——錫·定·入

① 蹢，又讀 dí。

蹢躅 zhí zhú

蹢(躑) ——錫·定·入

躅 ——屋·定·入

姪(侄) ——質·定·入

縶馽 ——緝·端·入

執慹畏懼 ——緝·章·入

zhǐ 止沚阯(址)祉芷(茝)

趾 ——之·章·上

徵五音之一 ——之·端·上

只枳咫軹軹泜坻抵

紙(帋) ——支·章·上

旨恉指耆達到坻 ——脂·章·上

黹襹 ——脂·端·上

zhì 偫峙庤洔峙(跱)畤

痔滍 ——之·定·上

治[①] ——之·定·平

志誌 ——之·章·去

阤陁 ——歌·定·上

豸廌踶 ——支·定·上

---

① 治,《廣韻》直之切,又直吏切,分別屬平聲之韵和去聲志韵。

知(智)[1] ——支·端·平

忮寘觶 ——支·章·去

雉薙 ——脂·定·上

置 ——職·端·長入

識記住 ——職·章·長入

識標誌幟騺 ——職·章·入

陟 ——職·端·入

炙 ——鐸·章·入

擿(擲) ——錫·定·入

滯躓彘璏 ——月·定·長入

制製猘(狾)迣 ——月·章·長入

致輊駤摯疐懥質文質[2]

躓鷙 ——質·端·長入

至懫鷙 ——質·章·長入

緻穉(稚)闥 ——質·定·長入

桎郅蛭質礩鑕摯摰贄 ——質·章·入

庢窒挃銍蛭 ——質·端·入

帙秩秩紩袠 ——質·定·入

櫛(楖)瀄 ——質·莊·入

---

① 知(智),《廣韵》知義切,已屬去聲寘韵。

② 質,《廣韵》有去,入兩讀,一之日切,屬入聲質韵;一陟利切,屬去聲至韵。

zhōng 中忠衷 ——冬·端·平

終螽蔠鼨 ——冬·章·平

鍾鐘伀妐彸 ——東·章·平

zhǒng 冢 ——東·端·上

腫種種類尰(瘇)踵 ——東·章·上

zhòng 中當也 ——冬·端·平

仲神 ——冬·定·平

眾(衆) ——冬·章·平

重① ——東·定·上

種栽種穜 ——东·章·去

zhōu 州洲㳯舟周婤翢賙輈 ——幽·章·平

侜輈鵃盩(盩)譸 ——幽·端·平

譸張 zhōu zhāng

譸(侜) ——幽·端·平

張 ——陽·端·平

啁噍 zhōu jiāo

啁 ——幽·端·平

噍 ——宵·精·平

盩厔 zhōu zhì

① 重,《廣韵》有平、上、去三讀:重復義念直容切,屬平聲東韵;輕重義念直隴切,屬上聲腫韵;更爲義柱用切,屬去聲用韵。

	盩	——幽·端·平
	厔	——質·端·入
	粥鬻	——覺·章·入
zhóu	妯①	——幽·透·平
	軸	——覺·定·入
zhǒu	肘疛	——幽·端·上
	帚(箒)帰	——幽·章·上
zhòu	紂	——幽·定·上
	宙胄(軸)怞詘駎籀酎	——幽·定·去
	甃	——幽·莊·去
	繇占辭	——宵·定·去
	咮晝②	——侯·端·去
	縐	——侯·莊·去
	驟驟通“驟”	——侯·崇·去
	祝(呪咒)	——覺·章·長入
	啄通“噣”	——屋·章·入
zhū	株鼄(蛛)跦誅邾袾	——侯·端·平
	朱珠絑鴸	——侯·章·平
	侏儒 zhū rú	

① 這是《詩經·小雅·鼓鐘》“憂心且妯”之“妯”,動也,悼也。《廣韻》丑鳩切,舊讀chōu。而“妯娌”的“妯”是後起的,《廣韻》直六切,屬入聲屋韻澄母。

② 晝,有的古音學家歸入幽部。

　侏 ——侯·章·平
　儒 ——侯·日·平
洙茱銖 ——侯·禪·平
豬(猪)瀦藸 ——魚·端·平
諸櫧藷 ——魚·章·平
zhú 竹竺姓 ——覺·端·入
逐鱁筑貴筑柚蚰馬蚰 ——覺·定·入
舳艫 zhú lú
　舳 ——覺·定·入
　艫 ——魚·來·平
瘃欘钃(斸) ——屋·端·入
躅蠋蓫 ——屋·定·入
燭鸀瀊爥蠾 ——屋·章·入
术白术茱 ——物·定·入
泏窋 ——物·端·入
逫 ——月·端·入
zhǔ 主宔麈枓勺也 ——侯·章·上
拄柱支撑 ——侯·端·上
煑渚陼 ——魚·章·上

	褚[1]	——魚·端·上
	屬屬連矚	——屋·章·入
zhù	鑄	——幽·章·去
	柱跓	——侯·定·上
	駐	——侯·端·去
	住停步注疰紸	——侯·章·去
	貯	——魚·端·上
	宁佇(竚)眝羜苧紵	
	杼芧著	——魚·定·上
	箸(著)	——魚·端·去
	箸櫡(筯)	——魚·定·去
	助耡	——魚·崇·去
	翥	——魚·章·去
	[illegible]	——屋·章·長入
	筑樂器	——覺·端·入
	祝柷	——覺·章·入
zhuā	髽	——歌·莊·平
	撾簻	——歌·端·平
zhuǎ	爪爪子	——幽·莊·上
zhuān	專塼嫥鄟膞鱄	——元·章·平

---

① 褚,今用于姓,念 chǔ。

顓頊 zhuān xū

顓 ——元・章・平

頊 ——屋・曉・入

蟤 ——元・莊・平

zhuǎn 轉 ——元・端・上

zhuàn 篆瑑腞 ——元・定・上

傳傳記[1]縳 ——元・定・去

傳驛舍轉 ——元・端・去

僎(僝)僎撰譔噀饌

篹篹[2] ——元・崇・上

襈 ——元・崇・去

zhuāng 妝(粧)莊裝 ——陽・莊・平

zhuàng 撞[3] ——東・定・平

戇戇直 ——東・端・去

幢帷幕憧愚 ——東・定・去

壯 ——陽・莊・去

狀 ——陽・崇・去

zhuī 揣擊 ——歌・章・平

---

① 傳,《廣韻》直戀切,已屬去聲線韻。

② 篹篹,今又讀 zuǎn。

③ 撞,在《廣韻》有平、去兩讀,一在江韻,宅江切;一在絳韻,直絳切。

	追	——微·端·平
	隹萑錐騅鵻	——微·章·平
	椎	——微·定·平
zhuǐ	沝	——微·章·上
zhuì	惴	——歌·章·去
	諈	——歌·端·去
	硾	——歌·定·去
	槌縋膇	——微·定·去
	贅	——月·章·長入
	綴啜錣餟(醊)	——月·端·長入
	磙隊(墜)	——物·定·長入
zhūn	肫忳啍淳諄	——文·章·平
	窀穸 zhūn xī	
	窀	——文·端·平
	穸	——鐸·邪·入
	屯邅 zhūn zhān	
	屯(迍)	——文·端·平
	邅	——元·端·平
zhǔn	準准埻綧	——文·章·上
zhuō	卓倬踔	——藥·端·入
	焯	——藥·章·入

稕穱 ——藥・莊・入
涿 ——屋・端・入
捉 ——屋・莊・入
叕棳梲蝃 ——月・章・入
拙頔 ——物・章・入
zhuó 汋灼(焯)酌繳生絲縷也①
禚(穛) ——藥・章・入
濯擢 ——藥・定・入
濁 ——藥・崇・入
啄掾琢椓諑斲 ——屋・端・入
擉浞鷟 ——屋・崇・入
濁躅鐲鉦也 ——屋・定・入
著(着) ——鐸・端・入
斮 ——鐸・莊・入
斫 ——鐸・章・入
窡 ——月・端・入
茁 ——物・莊・入
zī 兹嗞嵫滋孳孜仔仔肩鼒 ——之・精・平
鎡基 zī jī

---

① 繳,《廣韻》之若切。繳繞的"繳",古了切,今讀 jiǎo,古屬見母。

鎡 ——之·精·平
基(錤) ——之·見·平
甾菑椔淄葘緇(紂)
錙輜鶅 ——之·莊·平
貲訾觜𧡤宿蛬𨗨(髭)
鴜 ——支·精·平
齜 ——支·莊·平
咨姿粢資諮齍齎齏 ——脂·精·平
次且 zī jū
次(趑趑) ——脂·精·平
且(雎趄) ——魚·清·平
zǐ 子秄(耔)梓 ——之·精·上
滓 ——之·莊·上
紫呰茈啙訾訿 ——支·精·上
秭姊秭 ——脂·精·上
笫胏 ——脂·莊·上
zì 字牸芓(茡) ——之·從·去
胾事(倳)剚 ——之·莊·去
眥(眦)胔骴 ——支·從·去
恣 ——脂·精·去
漬 ——錫·從·長入

自 ——質・從・長入

zōng 宗綜[①] ——冬・精・平

㚇嵏稯緵葼椶鬷樅蹤

豵(猣)蹤 ——東・精・平

zǒng 傯總(摠) ——東・精・上

zòng 縱[②] ——東・精・平

瘲瘛瘲 ——東・精・去

從隨行 ——東・從・去

zōu 棷掫陬緅諏鯫 ——侯・精・平

鄒騶齺菆鄹(郰)黀

齱齵 zōu ōu

齱 ——侯・莊・平

齵 ——侯・疑・平

zǒu 走 ——侯・精・上

zòu 驟 ——侯・崇・去

奏 ——屋・精・長入

zū 租葙 ——魚・精・平

菹(葅) ——魚・莊・平

zú 足鏃 ——屋・精・入

---

① 綜,《廣韻》子宋切,屬去聲宋韻。

② 縱,《廣韻》于縱横義念即容切,平聲東韻;于放縱義念子用切,屬去聲用韻。

	族	——屋·從·入
	卒士卒;終卒①	——物·精·入
	崒捽踤	——物·從·入
zǔ	祖組	——魚·精·上
	阻(岨)俎詛	——魚·莊·上
	詛祝 zǔ zhòu	
	詛	——魚·莊·上
	祝(咒)	——覺·章·入
zù	駔	——魚·從·上
zuān	鑽劗	——元·精·平
zuǎn	纂纘篹籑②	——元·精·上
zuàn	鑽刑具③	——元·精·平
zuī	厜	——歌·精·平
	峻(朘)赤子峻嗺	——微·精·平
zuǐ	觜(嘴)	——支·精·上
	嶉	——微·精·上
zuì	罪(辠)	——微·從·上

① 卒,《廣韵》于士卒義念臧没切,屬入聲没韵;于終卒義念子聿切,屬入聲術韵。

② 篹籑,今又讀 zhuàn。

③ 鑽,《廣韵》有兩讀,動詞鑽研義念平聲,借官切;動詞穿孔義和名詞鑽具義念去聲,子算切。

	最	——月·精·長入
	蕞	——月·從·長入
	睟醉檇	——物·精·長入
zūn	尊嶟繜遵樽(罇)鐏鱒	
	踆蹲伏	——文·精·平
zǔn	僔噂(譐)撙蓴	——文·精·上
zùn	捘	——文·精·去
zuō	作作孽	——鐸·精·入
zuó	昨筰(笮)	——鐸·從·入
	捽	——物·從·入
zuǒ	左佐[①]	——歌·精·上
zuò	坐[②]	——歌·從·上
	坐(座)挫	——歌·從·去
	作	——鐸·精·入
	怍(葃)柞祚阼胙酢酬酢	
	鑿精米	——鐸·從·入
	鑿孔	——鐸·從·長入

① 佐,《廣韵》則箇切,屬去聲箇韵。

② 坐,《廣韵》于坐位、坐罪義念徂卧切,去聲過韵。

部首筆畫檢字表

【説明】

1. 本表部首目録及其排序採取《康熙字典》以來傳統的 214 部；字的歸部主要依據《康熙字典》的歸部。

2. 查字時，先在部首目録中查到部首在檢字表中的頁碼，然後查檢字表。

3. 檢字表編排次序依據《GB12000.1 字符集漢字字序（筆畫序）規範》，按除去部首筆畫以外的筆畫數由少到多的次序排列；部外筆畫數相同的，按該字起筆筆形橫（一）竪（丨）撇（丿）點（丶）折（乛）的次序排列，起筆筆形相同的，按第二筆筆形次序排列，以此類推。

4. 爲便於讀者檢索，本表採用新字形并以其筆畫數爲準，個別字形上與正文可能有一定區別，如：正文"朶垜(38)"二字，索引作"朵垛"。

部首目録

（部首右邊的號碼指檢字表的頁碼。）

一畫

部首	頁碼
一	223
丨	223
丶	223
丿	223
乙	223
亅	223

二畫

部首	頁碼
二	223
亠	223
人(亻)	223
儿	225
入	225
八	225
冂	226
冖	226
冫	226
几	226
凵	226
刀(刂)	226
力	227
勹	227
匕	227
匚	227
匸	227
十	227
卜	227
卩(㔾)	227
厂	228
厶	228
又	228
阝(在右)	276
阝(在左)	279

三畫

部首	頁碼
口	228
囗	230
土	230
士	231
夂	231
夊	231
夕	231
大	231
女	231
子	233
宀	233
寸	233
小	234
尢(兀)	234
尸	234
屮	234
山	234
巛	235
工	235
己	235
巾	235
干	235
幺	235
广	235
廴	236
廾	236
弋	236
弓	236
彐(彑⺕)	236
彡	236
彳	236
(忄)	237
(扌)	239
(氵)	247

(犭) 251
(辶) 275
(艹) 264

四畫

心(忄㣺) 237
戈 239
户 239
手(扌) 239
支 241
攴(攵) 241
文 241
斗 241
斤 241
方 242
旡 242
日 242
曰 243
月 243
木 243
欠 245
止 246
歹 246
殳 246
毋 246
比 246
毛 246
氏 246
气 246
水(氵氺) 247
火(灬) 250
爪(爫) 251
父 251
爻 251
爿 251
片 251
牙 251
牛(牜) 251
犬(犭) 251
(王) 252
(礻) 256
冈 261
(月) 262

五畫

玄 252
玉(王) 252
瓜 253
瓦 253
甘 253
生 253
用 253
田 253
疋(𤴓⺪) 253
疒 254
癶 254
白 254
皮 254
皿 255
目 255
矛 256
矢 256
石 256
示(礻) 256
内 257
禾 257
穴 257
立 258
(氺) 246
(罒) 261
(衤) 269

六畫

竹 258
米 259
糸 259
缶 261
网(罒罓) 261
羊(⺶) 261
羽 262
老 262
而 262
耒 262
耳 262
聿 262
肉(月) 262
臣 264
自 264
至 264
臼(𦥑) 264
舌 264
舛 264
舟 264
艮 264
色 264
艸(艹) 264
虍 267
虫 267
血 269
行 269
衣(衤) 269
襾(覀) 270

七畫

見 270
角 271
言 271
谷 272
豆 272
豕 272
豸 273
貝 273
赤 273
走 273
足 274
身 275
車 275
辛 275
辰 275
辵(辶) 275
邑(右阝) 276
酉 277
釆 278
里 278
(𦥑) 264
(镸) 279

八畫

金 278
長(镸) 279
門 279
阜(左阝) 279
隶 280
隹 280
雨 280
青 281
非 281
(飠) 282

九畫

面 281
革 281
韋 281
韭 281
音 281
頁 281
風 282
飛 282
食(飠) 282
首 282
香 282

十畫

馬 282
骨 283
高 283
髟 283
鬥 284
鬯 284
鬲 284
鬼 284

十一畫

魚 284
鳥 285
鹵 285
鹿 286
麥 286
麻 286

十二畫

黄 286
黍 286
黑 286
黹 286

十三畫

黽 286
鼎 286
鼓 286
鼠 286

十四畫

鼻 286
齊 287

十五畫

齒 287

十六畫

龍 287
龜 287

十七畫

龠 287

檢字表

一部

一 185

一畫

丁 36、205
丂 83
七 120

二畫

三 136
下 169
丌 64
丈 202
与 193
上 138

三畫

(丏) 48
丏 101
不 13
(不) 44
丑 23

四畫

世 143
丙 11
丕 114
且 125、216
丘 128

五畫

丞 20

七畫

並 12

丨部

丨 53

一畫

丩 71、76

三畫

丰 43
中 209

四畫

丱 52

六畫

串 25、52

丶部

二畫

丸 159

三畫

丹 31

四畫

主 211

六畫

丽 92

丿部

丿 117

一畫

乂 188
乃 105

二畫

久 76
之 206

三畫

乏 41
乑 216

四畫

乍 200
乎 59

五畫

𠂢 111

七畫

乖 52

八畫

𠂹 195

九畫

乘 20、141

乙部

乙 187

一畫

九 76

二畫

乞 121
也 184

七畫

乳 134

十畫

乾 48、123

十二畫

亂 96

亅部

一畫

了 93

三畫

予 193

七畫

事 142、216

二部

二 40

一畫

亍 24
于 192

二畫

亓 120
井 75
云 196
五 164
互 59

四畫

亘 50、177

六畫

亞 180
些 149、172
亟 64、122

亠部

一畫

亡 160

二畫

亢 49、83

四畫

亦 184、187
交 70
亥 55

五畫

亨 58、113
(亨) 171

六畫

京 75
享 171
㐭 94

七畫

亭 155
亮 93

八畫

亳 12

十一畫

亶 32

二十畫

亹 100、161

人(亻)部

人 132

一畫

亼 65
个 50

二畫

仄 199
仁 132
什 142
仆 118
仇 23、129
仂 90
仍 133
介 73
仌 11
从 28
今 74
以 186

三畫

仕 142
付 46
仗 202
代 31
(仙) 169
仟 123
仡 188
仮 65
仔 179、215
他 150
(他) 157
仞 132
尒 39
㐱 204
令 94、95

四畫

休 175
伍 164
伎 66、121
伏 45

(伏) 119
伐 41
仳 114、115
仲 209
仵 164
件 69
任 132、133
价 73
(份) 43
伀 209
仰 183
(役) 187
伉 83
仿 42
(仿) 42、112
伊 185
(似) 146
伃 193

四畫

(伃) 73
企 121

五畫

佞 108
佂 205
何 57
佐 219
伾 114
佑 192
伻 113
但 32
伸 140
佃 35、154
佚 188
作 219
伯 12
伶 94
低 33
佝 85
住 212
位 162
伭 169
伴 5
佇 212
佗 157
佖 9
伺 146
佀 146
佛 46
(佛) 42
伽 125
佁 186
余 192

六畫

來 89
侙 22
侀 175
佳 67
侍 142
佶 65
侢 40
供 50
使 142
佰 4
侑 192
侉 86
例 92
侇 186
(侄) 207
佌 27
侗 155
侣 97
侃 82
侏 211
侁 140、169
侹 155
佸 63
侔 209
(侔) 209
侄 130
侊 154
佾 188
佩 113
佹 53
侚 179
侈 22
侂 157
佼 71
佽 27
依 185
侅 48
佯 183
(佯) 18
併 12
侘 16
佷 57
侔 104
侖 96
侌 189

七畫

俅 129
俌 46
便 10、116
俉 164
俠 168
修 175
俁 193
俔 123、170
俚 91
保 6
俜 117
促 28、163
俋 188
(侼) 86
俄 39
侮 164
俒 140
俙 166
俗 147
俘 45
俛 101
(俛) 46
侹 86
係 168
信 140、174
侻 157、158
俍 93
侵 126
侯 58
侷 77
俑 191
俟 146
俊 81
俞 192
俎 218

八畫

俸 44
倩 123
倀 17
倖 71、175
倛 120
借 73
值 206
倈 89
(傳) 216
倚 186
俺 182
倢 72
(倢) 73
俴 69
倒 33
俳 111
俶 24
倬 214
倏 144
倘 152
(倘) 18
俱 78
倮 96
倡 17、18
(個) 50
候 58
倕 26
倭 163
倪 106、115
(倪) 185
倠 148
俾 7、115
倫 96
倜 153
倞 75、93
俯 46
倅 29
倍 6
(倣) 42
倦 79
倓 151
倌 52
倥 85
健 69
倨 78
倔 80
倉 14

九畫

偰 174
偆 26
偃 182

偪 7
便 183
偭 101
偄 109
偕 172
側 15、199
偶 110
偈 72
偲 146
(傁) 147
(偟) 112
傀 53
偊 193
偫 207
偷 156
偁 20
傯 85、217
偯 186
停 155
傞 149
偏 116
假 68
偓 163
偋 11
偉 162
偆 213

十畫

傲 3
傌 98
備 6
傎 35
傅 46
傜 183
傒 166
傑 72
傸 65
傚 172
傍 5、112
傔 123
傛 133
傓 138

十一畫

(債) 201
傿 182
僅 74
傳 25、213
傴 193
僄 116
(傾) 127
僂 96、193
傫 91
催 29
傷 138
傱 147
僁 166
像 171
傺 16、22
傭 190、191
傽 202
傹 75
僇 96
僉 123

十二畫

僰 12
僥 70、183
(僥) 71
僨 43
僖 166
僛 120
僘 75
僊 169
⿰亻厥 80
僚 93
僭 69
僕 118
僩 170
僓 157
僤 32
僑 125
(儁) 81
僬 70
僞 161
僢 25
僦 77
僮 155
僐 138
僔 219
僒 76
(僱) 51
僝 16
(僝) 213
僎 213
僪 80

十三畫

儚 100
僸 75
僵 69
價 68
儇 177
儆 71
儉 69
儈 86
僾 1
儋 31、32
儃 151
億 187
儀 185
(僻) 115

十四畫

儔 23
儒 134、211
儑 2
儛 164
儗 106
儕 16
儐 11

十五畫

儥 194
優 191
償 17
儡 90
儲 24
儦 10

十六畫

儢 97
儵 144

十七畫

儳 17
儴 132、170

十九畫

儺 109
儷 83、92
儼 182

二十畫

儻 152

儿部

一畫

兀 165

二畫

元 195
允 196

三畫

兄 175

四畫

光 52
先 169
兆 203

四畫

兇 175
充 22

五畫

克 84
兕 147
免 101
兑 38、135

六畫

兒 39、106
兔 156
兖 181

九畫

兜 36

十二畫

兢 75

入部

入 134

二畫

内 106
(內) 105

四畫

全 130

五畫

㒳 93

六畫

兩 93

八部

八 4

二畫

兮 166
公 50
六 95

四畫

共 51

五畫

兵 11

六畫

(其) 64、120
具 78
典 35

七畫
豙 149
八畫
兼 68
十四畫
冀 66

冂部

冂 76
二畫
冃 99
冄 132
三畫
(冉) 132
同 76
冎 51
册 15
四畫
再 198
五畫
冏 76
七畫
冒 99
八畫
冓 51
冔 176
九畫
㒼 98
冕 101

冖部

冖 101
二畫
冗 133
六畫
罙 101
七畫
冠 52
八畫
冢 100
冡 209
冥 103
冤 194
十三畫
(冪) 101

冫部

三畫
冬 36
四畫
(沍) 59
(冲) 22
(冰) 11
五畫
(况) 86
冷 91
冶 184
六畫
冽 93
八畫
凊 128
凌 94
凍 36
凄 120
准 214
(凈) 76
凋 35
十畫
滄 26
十二畫
澌 146
十三畫
凜 94
十四畫
凝 108
十五畫
(瀆) 37

几部

几 64
一畫
凡 41
六畫
凭 117
十畫
凱 82
十二畫
(凴) 117

凵部

凵 82
二畫
凶 175
三畫
凸 86
出 24
六畫
函 55

刀(刂)部

刁 35
刀 33
一畫
刃 132
二畫
切 125、126
刈 188
分 43
刅 26
三畫
刊 82
刌 29
(刉) 53
四畫
扨 122
刑 175
(刓) 159
列 93
氘 53
刖 196
刎 163
五畫
别 11
利 92
删 137
判 111
初 24
刜 46
六畫
刲 87
刵 40
刺 27
刳 85
到 33
制 208
刮 51
刻 84
券 79、130
刷 145
七畫
(剋) 84
剌 89
剄 75
削 172、178
則 199
剉 30
前 123
(剃) 153
八畫
剅 180
剒 30
剚 216
剞 64
剟 17
剕 43
(剒) 106
剔 153
剛 49
(剮) 51
剝 127
剖 118
(剙) 26
剡 138、182
剜 159
剥 12、118
剾 80
(剾) 64
剢 38
九畫
副 46
剬 37
剫 38
(剪) 68
剭 164
十畫
剴 82
(剩) 141
創 25、26
割 49
十一畫
蒯 86
剸 156
剽 116
(剷) 17
(剿) 18、71
十二畫
劂 64、80
劃 60
劀 51
十三畫
劌 53
劇 78
劋 71
劍 69
劊 53、86
劉 95
劈 114
十四畫
劓 188

劑 66
十七畫
劚 17
十九畫
劗 218
劘 103
二十一畫
劙 91

力部

力 92
三畫
功 50
加 67
四畫
劣 94
劦 173
五畫
劫 73
助 212
劬 129
努 109
劭 139
六畫
劼 72
効 57
七畫
勃 12
(勑) 22
勁 74、75
勉 101、102
勇 191
八畫
勑 89
(勅) 22
勍 127
勌 79
務 164
九畫
勘 82
勒 90
勔 101
勖 177
(勗) 177
動 36
十畫
募 104
勛 178
勝 141
勞 90
十一畫
勣 64
勥 91
勢 143
勤 127
勠 96
勦 18、71
十二畫
勩 187
勱 98
(甥) 124
十三畫
勯 31
勰 173
十四畫
勵 92
(勳) 178
十七畫
勸 130

勹部

勹 5
一畫
勺 139
二畫
勿 165
匀 196
(勾) 51
三畫
匃 48
包 5
四畫
匈 175
六畫
匋 152
匊 77
七畫
匍 119
九畫
匐 45、119

匕部

匕 8、60
二畫
化 60
𠤏 6
三畫
北 6
九畫
匙 21

匚部

匚 42
三畫
(匝) 198
匜 185
四畫
匡 86
匠 70
五畫
匣 168
八畫
匪 42
九畫
匭 53
(匲) 161
十一畫
匯 62
十二畫
匱 53、87
匰 31
十三畫
匳 93
十四畫
匴 148
十五畫
(匵) 37
十七畫
(匶) 76

匸部

二畫
匹 115
巨 78
四畫
𠆫 95
七畫
匽 182
八畫
匿 106
九畫
區 110、129

十部

十 142
一畫
(廿) 107
千 123
卂 179
二畫
卅 136
午 164
升 141
三畫
卉 62
半 5
四畫
(华) 59
六畫
協 173
卓 214
卑 6
卒 28、218
七畫
南 105
十畫
博 12

卜部

卜 13
二畫
卝 52、86
卞 10
三畫
占 201
五畫
卣 192
六畫
卦 52

卩(㔾)部

一畫
(卪) 73
二畫
卬 2
三畫
卮 206
印 189
卯 99
四畫
危 161
五畫
(却) 131
卵 96
即 65
卲 139
六畫
卹 177
卷 79
卺 74
七畫

卸 173
卻 131
八畫
卿 127

厂部

厂 55
二畫
厄 39
厃 201
六畫
厓 180
厔 210
七畫
厙 139
厖 99
厚 58
厗 153
八畫
厝 30
厞 42
厜 218
原 195
九畫
(厠) 15
十畫
⿸厂⿱虍皿 84
(厨) 24
厦 169
厤 92
厥 80
十二畫
厲 92
厭 182
十三畫
厱 89

厶部

厶 146
二畫
(厷) 50
厺 129
三畫
去 130
四畫
(厽) 94
九畫
參 14、15、136、140
十三畫
⿰矣兔 131

又部

又 192
一畫
及 65
叉 15
二畫
友 192
反 41
三畫
犮 152
六畫
取 130
叔 144
受 143
(叞) 145
叕 26、215
七畫
叟 147
叙 177
叛 111
叚 68
十四畫
(藂) 28
(叡) 135
十六畫
叢 28

口部

口 85
二畫
古 51
可 84
叵 118
右 192
(叶) 173
号 56
只 207
史 142
叱 22
叩 85
(叫) 71
叨 152
句 51、78
㕣 129
司 146
召 139、203
台 150、185
三畫
吉 65
吏 92
吁 176
吐 156
同 155
吕 97
吃 21
吒 200
吸 167
向 171
后 58
合 50、57
各 50
名 103
四畫
吞 157
吾 164
否 44、115
呈 20
吴 164
呆 6
吠 43
呀 168
吡 8
呐 106
吪 39
听 189
吟 189
吻 163
吹 26
(吼) 58
吮 145
告 49
含 55
吝 94
启 121
君 80
五畫
味 162
呿 129
呵 57
呫 19
咀 77
呷 168
呻 140
(呪) 210
(咒) 210、218
呬 168
呱 51
呼 59、164
呴 176
咆 112
咇 8、11
(咏) 191
咈 46
咄 38
呶 106
呦 191
咼 159
和 57
命 103
周 209
咎 77
六畫
哉 198
咸 169
呰 216
哇 159
咡 40
咺 177
哂 140
咦 186
咥 36、168
咢 39
品 117
咽 180、182、184
咮 210
(咶) 143
咻 175
唌 169
哊 58
咷 152
哅 58
(咬) 183
咳 55、84
(咳) 82
(咲) 172
(咤) 200
哀 1
咨 216
咫 207
七畫
哲 203

哥　49
哳　200、202
哮　171
哺　13
哽　50
哤　99
唶　123
哨　125
員　195、196
哭　85
唈　188
(唈)　188
唏　166
(唏)　176
唁　182
哰　90
唉　1
唐　151
哿　50

八畫

唪　7
啞　180
唭　121
啨　199
啚　7
問　163
(啀)　180
啄　210、215
啑　137
唬　169
唱　18
唾　158
唲　106
唯　161
唸　75、189
啁　202、209
(啗)　32
啍　214
啐　29
啖　126、137
啖　32
唳　92
啜　27
唔　164
售　143
商　138
啓　121

九畫

喫　97
(喆)　203
喜　167
喪　136
啙　216
喫　126
喋　36、200
嗒　150
喠　180
喓　183
喈　72
喁　191
(喝)　57
喟　87
單　16、31、138
喌　209
喘　25
啾　76
喤　60
喉　58
喻　193
喑　189
喭　182
(啼)　153
嗟　72、79
嗞　215
喧　177
嘅　82
喔　163
喙　62
喬　125
啻　22
善　138

十畫

嗸　2
嗀　59
嗇　137
嗷　2
嗪　148
嗜　143
嗑　57、168
嗼　103
嗔　154
嗝　49
嗕　134
嗄　137
嗣　146
(嗅)　175
嗥　56
嗚　164
嗁　153
嗃　171
嗌　1、187
嗛　123、126、169
(嗛)　123
嗤　20
嗡　173

十一畫

嘉　67
嘏　51、68
嘗　17
嘖　199
嘳　90
嘆　151
嘈　14
嗽　146
嗽　147
嘔　110
嘌　116
噓　176
(噓)　176
嘑　59
嗺　180
嗺　218
(嘷)　56
嗿　151
嗾　147
嘐　171

十二畫

嘵　171
噴　113
嘻　166
噎　184
噁　165
嘶　146
(嘲)　18
噆　14
噘　25
嘽　17
(嘿)　103
噍　70、71、209
噈　28
噂　219
噌　20
嘮　18
噀　213
噏　194
嘰　64

十三畫

噩　39
嚄　63
噧　56
噤　75
噦　62、196
(嘴)　218
噱　80
嚊　193
器　122
(噪)　199
噬　143
嚌　8
噭　71、125
噞　182
噲　86
噡　201
噫　185
噰　191
嘯　172

十四畫

(嚭)　115
嚇　57
嚏　153
嚂　89
嚅　134
嚊　115
嚀　187
嚌　66
嚮　171

十五畫

嚘　191
嚗　12
嚚　189
(嚜)　103

十六畫

嚭　115
嚥　182

(噸) 117
(嚪) 32
嚴 181
嚨 95

十七畫

嚶 190
嚼 70、79
嚻 89
嚳 86
嚲 38

十八畫

囂 2、171

十九畫

囊 105
囅 17
囋 198
(囒) 55

二十畫

(囍) 68

二十一畫

(囓) 107

囗部

囗 161

二畫

囚 128
四 147

三畫

因 188
回 61
囟 174

四畫

园 159
困 88
囤 38
囮 39
囧 76
囪 25、27

五畫

固 51
囷 131
囹 94

六畫

囿 192

七畫

圃 119
圄 94、193
圂 62
圅 55

八畫

圊 127
圉 193
(圍) 94
國 54
圈 79、130

九畫

(圇) 25
圍 161

十畫

園 195
圓 195

十一畫

團 156
圖 156

十三畫

圜 187
圛 60、195

土部

土 156

一畫

壬 155

二畫

圥 96

三畫

圩 164
圭 52
圾 65
圯 115、185
地 34
在 198

四畫

坏 113、114
坒 8
(址) 207
圻 121
坂 5
坋 43
坻 207
坳 103
坎 82、83
均 80、197
(坄) 187
坑 84
坊 42
(坊) 42
坐 219
坌 7

五畫

坷 83、84
(坯) 114
坺 4
坪 117
坫 35
坦 151
坤 88
坱 2
(坰) 76
坿 46
坼 16、19
坴 96
垺 59
坻 21、34、207
坡 117
坶 104
垂 26

六畫

型 175
垚 183
垣 195
城 20
垤 36
埏 137、181
垍 67
垢 51
耇 51
垗 203
垓 48
垠 189
垛 38
垔 188

七畫

埂 50
(埋) 98
埒 94
垺 118
埆 131
垸 60
埃 1
垐 187
埑 189
埾 65

八畫

堵 37
埴 206
域 194
埼 120
堁 84
埸 187
埵 38
埧 106
堆 38
埤 114
埶 188
(埰) 14
堋 7
埳 82
(埳) 83
埻 38、214
培 113
執 207
埢 130
埽 136
堀 86
堊 39
基 64、216
堇 74、127
堅 68
堂 152
堕 38

九畫

堯 183
堪 82
堞 36
堙 188
堿 82
堧 134
(堤) 33
場 17、18
堣 192
堨 39
堮 39
(塊) 86
堠 58
報 6
堰 50
堳 100
塈 67
堥 104

十畫

塡 154
塥 49
塛 92
塒 142
塤 178
塏 82
(塢) 164
塕 163
塯 95
(塙) 131
塉 65
塘 151
塓 101
墓 104
塍 20
塋 190
塞 136、137

十一畫

墐 74
塼 212
墆 34
墟 176
塿 95
墁 98
(墈) 7
墉 191
境 75
墊 35
塹 124
墅 145
塾 144
墍 99
塵 19
(墮) 61
(墜) 214

十二畫

墝 124
墳 43
墣 119
墠 138
墺 194
墦 41
墻 138
增 200
墀 21
墱 33
墢 12
(墪) 189
墨 103
(墯) 38

十三畫

(墽) 124
壇 151
壈 89
(壄) 184
墼 64
墾 84
壅 191
壁 9

十四畫

壔 33
壏 170
(壖) 134
(壎) 178
壙 86
壓 180
壑 57
(壍) 124

十五畫

壘 91

十六畫

壚 95
壛 181
壞 60
壟 95
(壠) 95
疆 69

十七畫

壤 132

士部

士 142

一畫

壬 132

四畫

壯 213

九畫

壹 185
壺 59
壻 177

十畫

壼 88

十一畫

壽 143

夂部

四畫

夆 44

夊部

(夊) 148

四畫

夋 131

五畫

夌 94

六畫

复 47
夎 216

七畫

夏 169

十一畫

夐 175

十六畫

夒 105

十八畫

夔 87

夕部

夕 167

二畫

外 159
夗 195

三畫

夙 148
多 38

五畫

夝 127
夜 184

十畫

夢 100

十一畫

夥 63
(夥) 63
夤 189

大部

大 31

一畫

天 153
夫 44、45
太 150
夭 183
夬 52

二畫

央 182
失 141

三畫

夸 86
夷 186

四畫

夾 67
夾 138
奂 60

五畫

奉 44
奈 105
奔 7
奇 64、120
奄 182
奅 113

六畫

契 126
(契) 122、174
奏 217
奊 173
奎 87
奕 187

七畫

奚 166
奘 199

八畫

奢 139

九畫

奡 3
奧 3、194
奠 35

十一畫

(奩) 93
奪 38

十二畫

奭 142
獎 69

十三畫

奮 43

十五畫

奰 6

女部

女 109、134

二畫

奴 109

三畫

妄 160
奸 48、68
如 134
妃 15

妁 146
妃 42
好 56

四畫

旻 182
妥 157
妝 213
妦 43
妍 181
妘 196
妓 66
妣 8
妙 102
妊 133
妖 183
妎 168
妢 43
妐 209
姊 216
殳 144
妨 42
(妒) 37
姒 146
妤 73、193

五畫

妻 120
委 161、162
娶 159
妾 126
妹 100
姑 51
(妸) 39
妬 37
妲 31
姐 73
妯 210
姎 2
姌 132
姓 175
姁 129、176
姗 137
姓 156
姅 5
始 142
姆 104

六畫

挈 72
威 160
姿 216
姜 69
娍 147
娃 159
姞 65、72
姮 58
姱 86
姨 186
姪 207
姻 188
姝 144
姺 140、169
娗 155
姡 63
姤 51
姚 183
姽 53
姣 70
姳 185
姟 48
姘 117
姹 15
(娜) 39
(姦) 68

七畫

娑 149
娶 39
娭 183
姬 64
(娅) 136
娠 140
娙 175
娛 192
娉 117
娖 26
娟 79
娥 39
(娒) 104
娷 149
娩 101、160
娣 34
娓 161
(娭) 166

八畫

娶 130
婪 89
婓 42
婁 95
婆 118
(娬) 164
婧 76
婞 175
娸 120
婕 73
婥 26
婚 150
婐 159
娨 106、185
婢 8
婭 189
婤 209
婚 62
婘 130
婠 159
婉 159
婦 46

九畫

媒 99
媟 173
(婿) 38
媆 134
媎 141、175
媞 153
媢 99
媪 3
媦 162
嫂 136
(媢) 188
(媿) 87
(媮) 156
媕 2
媛 17、195
媄 100
媊 123
(媵) 136
媥 116
媁 162
媚 100
(婿) 177
媼 106
婺 164

十畫

嬰 166
媻 111
媵 191
嫈 190
媾 51
嫫 103
嫄 195
媲 115
媱 183
媰 166
媹 24
(嫉) 65
嫌 169
嫁 68
媢 103
嫋 107
媸 20

十一畫

嫠 91
嬰 52
嫢 208
嫛 185
嫳 117
嫣 180
嫥 212
嫗 193
嫖 116
嫮 59
(嫭) 59
嫦 17
嫚 98
嫡 34
嫙 177
嫱 38
嫪 90

十二畫

嬃 176
嬈 132
嬉 166
嫽 93
(嫺) 169
嬋 17
嫵 164
嬌 70
嫶 125
嫣 52

嬶 53、60
嫺 169
十三畫
嬴 190
嬖 9
嬙 124
嬛 177
(嬛) 128
嬗 138
十四畫
嬰 190
嬑 150
嬬 134
嬪 117
嬥 36
十五畫
嬻 37
十六畫
嬿 182
嬾 89
十七畫
孀 145
孅 123、169
孃 107
十九畫
孌 96
二十一畫
孎 90

子部

子 216
孑 72
一畫
孔 85
二畫
孕 197
三畫
存 29
字 216
四畫
孝 172
孛 7、12
孚 44、45
孜 215
五畫
季 67
孟 100
孤 51
六畫
(孩) 55
孨 68
七畫
(挽) 101
孫 149
八畫
孰 144
九畫
孶 215
十畫
穀 51
十一畫
(孵) 44
十三畫
學 178
十四畫
孺 134
十六畫
孽 107
十九畫
孿 96

宀部

二畫
宁 212
(宂) 133
它 150
宄 53
三畫
宇 193
守 143
宅 200、201
安 2
四畫
完 159
宋 147
宏 58
宎 183
五畫
宗 217
定 36
宕 32
宜 185
宙 210
官 52
宛 159、194
宔 211
宓 101
六畫
宣 177
宦 60
宥 192
宬 20
室 143
(宲) 67
宮 50
客 84
(窔) 183
七畫
害 55
宧 195
宭 164
宸 19
家 67
宵 171
宴 182
容 28、133
宰 198
宼 83
宯 131
八畫
寇 85
寅 189
寄 66
寁 198
寂 67
宿 148、175、176
寀 14
密 101
九畫
寒 55
富 46
寔 142
寓 193
寑 127
寓 193
寍 108
寐 100
寎 12
十畫
寞 103
寘 208
寙 163
寖 75、126
十一畫
寬 86
賓 11
寡 51
察 15
寠 83
寧 108
寤 164
寣 59
寢 127
寥 93
實 142
十二畫
寮 93
寫 173
審 140
十三畫
寰 60
十六畫
寶 6
寵 23

寸部

寸 29
三畫
寺 146
四畫
寽 97
六畫
封 43
七畫
尅 84
尃 10
射 139、184、187
八畫
專 212
尉 162、194
將 69、70
九畫
尌 144
尊 219
尋 174、179
十一畫
對 38
十二畫
導 33

小部

小 172

一畫
少 139
二畫
(尔) 39
三畫
尗 144
五畫
尚 138
七畫
尞 168
九畫
尞 93
十畫
尟 169

九(兀)部

一畫
尤 191
四畫
尪 160
尨 99
六畫
尳 108、165
九畫
尰 209
就 77

尸部

尸 141
一畫
尹 189
尺 22
二畫
尻 83
尼 106
四畫
(屁) 115
(尿) 107
尾 161、186
局 77
五畫
居 77
届 73
屈 129
六畫
屏 35
屍 141
屋 164
屏 11、117
屎 142
七畫
展 201
屑 174
屐 64
八畫
屠 156
屚 95
屝 43
九畫
屟 174
孱 16
十一畫
屢 97
(屣) 167
十二畫
履 97
層 15
十四畫
屨 78
十五畫
屩 79
十八畫
屬 144、212
屭 17

屮部

屮 19
一畫
屯 157、214
六畫
屰 107

山部

山 137
二畫
屶 15
三畫
屹 188
岌 65
屺 121
四畫
岂 86
岍 122
岐 121
岠 78
岑 15
五畫
岵 59
岸 2
岨 77
(岨) 218
岫 176
岟 183
岭 94
岺 94
岷 102
岩 154
岡 49
岳 196
岱 31
六畫
峙 207
(峗) 209
峋 179
峐 48
七畫
豈 121
峽 168
峌 175
(峭) 125
峨 30、39
(峩) 39
峱 191
峰 43
峮 131
峻 81
島 33
八畫
崍 89
崧 147
崖 180
崎 120
崦 181
崨 73
崑 88
(崗) 49
(崣) 161
崔 29
崟 127、189
(崙) 96
崤 172
崢 205
崩 7
崞 53
崒 218
(崪) 29
崪 29
崇 23
崆 85
崌 77
崛 80
崮 216
九畫
嵒 181
嵌 123、124
嵗 161
嵎 32
嵎 192
嵑 84
嵔 162
嵬 161
嵂 97
嵕 217
嵯 29
(嵳) 15
嵦 128
嵫 181、215
嵍 164
十畫
嶅 2
嵩 147
嵱 191
嵞 156
十一畫
嶇 121
(嶇) 129
嶁 95
嶂 91
嶊 218
(嶐) 161
嶕 147
(嵸) 147
嶈 124
嵺 93
(嵾) 15
十二畫
嶢 183
嶍 84
嶘 201
嶡 80
嶛 93
嶜 127

嶠 71、125
嶕 73
嶕 70
嶔 127
嶓 12
嶙 94
嶟 219
嶝 33

十三畫

嶪 185
(嶫) 185
嶧 187
嶰 173
嶬 186

十四畫

嶹 11
嶷 106、185
嶽 196
嶸 133

十五畫

巀 198

十六畫

巃 95

十七畫

巇 182
巍 161
巉 17

十八畫

巋 87

十九畫

巔 35
巎 105

巖 181
巒 96

二十一畫

巘 108

巛部

川 25
巛 88

一畫

巜 198

三畫

州 209
巡 131、179

四畫

巠 75

八畫

巢 18

十二畫

巤 94

工部

工 50

二畫

巧 125
左 219

三畫

(巩) 50

四畫

巫 164

六畫

差 15、16、27

九畫

琵 201

己部

己 65
已 186
巳 146

一畫

巴 4

二畫

目 186

四畫

(卮) 206

六畫

巷 171

九畫

巽 179

巾部

巾 74

一畫

帀 198

二畫

布 13
市 142

四畫

希 166
(帋) 207
帞 9

五畫

帖 155
帙 208
帔 113、114
帛 12
帚 210
帑 109、152

六畫

帡 117
帥 145
帟 187
帝 34
帣 79
帤 134

七畫

帩 125
帨 145
師 141
席 167
帬 131

八畫

帶 31
常 17
帳 202
帴 68
帷 161

九畫

幌 99
幅 45
幄 163
幃 161
幂 101

十畫

幕 104
幙 93
幏 68
(幏) 100
幎 101
幐 152

十一畫

幘 199
幔 98
幓 140
幣 9

十二畫

(幞) 45
幠 59
幡 41
幢 25、213
幟 208

十三畫

幪 100
幧 124
幨 16
幦 101

十四畫

幬 23、33
幭 102

干部

干 48

二畫

平 117

三畫

幵 68
年 107
并 11、12

五畫

幸 175
(幸) 71

十畫

幹 48

幺部

幺 183

一畫

幻 60

二畫

幼 192

三畫

幺幺 191

六畫

幽 191

九畫

幾 64、66

广部

二畫

庀 115

四畫

(庋) 53
庌 180
庉 157
庇 8、9
序 177

五畫

府 46
底 34
庖 112
庚 50

六畫

庤 207
度 37、38
庢 208
庛 27
庭 155
庥 175
庠 171

七畫
庋 53
庫 86
庮 191
(座) 219
八畫
庶 144
(庿) 102
庾 193
庳 6、8
廊 89
康 83
庸 191
九畫
(廂) 170
廁 15、27
廋 147
廆 53
(廐) 76
十畫
廚 24
廇 95
廓 88
廉 93
廌 201
廕 190
十一畫
廑 74、127
廣 52
廎 127、128
廔 95
廙 187
廏 76
廖 93
十二畫
廞 173
廝 146
廟 102
廛 16
廡 164
廞 174
廢 43
十三畫
(廧) 74
(廧) 124
廥 52
廩 94
十六畫
廬 95
龐 112
十七畫
廮 190
廯 169
十八畫
廱 191

廴部

廴 189
四畫
廷 155
延 181
六畫
建 69

廾部

一畫
廿 107
二畫
弁 10
三畫
异 187
四畫
弄 109
(弃) 122
六畫
弇 182
弈 187
十一畫
弊 9

弋部

弋 187
二畫
弍 40
三畫
式 142
九畫
弑 142

弓部

弓 50
一畫
弔 36
引 189
二畫
弗 45
二畫
弘 58
三畫
弛 21、158
四畫
弟 34
(弞) 140
弝 4
五畫
(弛) 21
弣 46
弧 59
弤 34
弦 169
弢 152
弨 18
弩 109
六畫
弮 130
弭 101
七畫
弲 194
弱 135
八畫
張 202、209
(張) 202
弸 114
九畫
弼 9
(弼) 9
强 124
十畫
彃 9
(彇) 21
十一畫
彆 11
彉 53
彄 85
十二畫
彈 32、151
十三畫
彊 70
(彊) 124
十四畫
彌 101
彍 88
(彍) 53
十九畫
彎 159
二十畫
彏 80

彐(彑彐)部

彐 67
(彑) 67
五畫
录 96
六畫
彖 157
八畫
彗 62
九畫
彘 208
十畫
彙 62
十三畫
彝 186
二十二畫
彠 195

彡部

四畫
形 175
彤 133
彤 155
彣 163
六畫
彥 182
七畫
彧 194
八畫
彬 11
彪 10
彫 35
九畫
彭 113、114
十一畫
彰 202
十二畫
(影) 190

彳部

彳 22
三畫
彴 12
四畫
彸 209
役 187
彷 42、112
五畫
征 205
徂 28

悛 94
悻 175
惜 167
惏 94
(惏) 89
悽 120
悱 42
悼 33
惝 18
(惕) 153
㥏 154
惘 160
悸 67
惟 161
惆 23
惛 62
惚 59
(惚) 61
惇 38
悴 29、125
惓 79、130
惔 32、151
悰 28
悾 85
惋 159
悷 92
㥛 64
惙 26
惡 39、164、165
惎 66
悳 33
惠 62
惑 63
悲 6
惄 106
悶 100
(惉) 16
悹 52
惢 149
惤 169

九畫

(愜) 126
煤 164
愖 31
惵 36
(慌) 18、61
愊 8
惰 38
愐 101
惻 15
愓 32
愠 197
愒 82、122
愕 39
惴 25、214
愀 125
愎 8
惶 60
愧 87
愉 192
愘 128
愔 189
㥟 149
惲 197
惼 10
慨 82、83
(惛) 62
愇 162
慅 14、136
(惱) 106
惷 26
懕 126
想 171
感 48
愚 192
愁 23
愆 122
愈 193
(愛) 1
意 187
慈 27
(窸) 84
愍 102

十畫

愫 148
慎 140
慄 92
(慖) 62
愷 82
(慍) 197
愾 82、168
慥 199
慆 152
愴 25
慉 177
慊 123
(慊) 126、169
愵 106、109
慝 152
慤 131
慕 104
愿 195
慁 62
慇 189
愋 189
愬 148
(㥲) 191
愻 179
態 150

十一畫

慬 74、127
㥄 98
(慚) 14
慱 156
慓 116
慽 120
慢 98
慯 138
慟 156
慷 83
慴 140
憀 93
慘 14
慧 62
憃 22
慹 204、207
慙 14
(慼) 120
懘 34
憂 191
慮 97
(甛) 122
慫 147
慾 194
慶 128
憋 11
慰 162

十二畫

憢 171
憤 43
憓 62
憛 151
憭 93
憯 14
憿 18
憪 170
憫 102
憬 75
憒 87
憚 32
憮 164
(憮) 59
憍 70
憔 125
懊 3
憱 28
(憞) 38
憧 22、213
憐 93
憎 200
憙 167
憼 75
憖 189
憩 122
憊 6
(憑) 117
憝 38
憲 170

十三畫

懜 100
憾 56
憴 141
憹 105
懆 14
懌 187
懁 177
懙 192
慠 70
憸 169
憺 32
懈 173
懍 94
懃 127、189
懋 99

懇 84
應 190
十四畫
懱 102
懥 208
(㦓) 181
懦 109、134
懭 86
懠 121
懕 181
懟 38
𢣷 86
十五畫
(懮) 191
懫 208
懰 95
懲 20
懥 162
十六畫
(懶) 89
懷 60
(懸) 177
懇 102
十七畫
懽 60
懺 123、169
十八畫
懾 140
懼 78
㦒 22、155
懏 172
(㦝) 147
懿 188
十九畫
戁 105
戀 93
二十畫
戃 152
(戃) 18
戄 80
戅 213

戈部

戈 49
一畫
戊 164
戉 196
二畫
戎 133
戋 198
戌 176
戍 144
成 20
三畫
戒 73
我 163
四畫
或 63
戔 14、68
戕 68
戕 124
七畫
戚 120
戛 67
八畫
戟 66
戢 65
九畫
戡 82
戣 87
十畫
截 72
戤 68
十一畫
戮 96
十二畫
戰 201
十三畫
戴 31
戲 59、168
(戱) 164
戳 169
十四畫
戳 26

户部

户 59
一畫
戹 39
四畫
所 149
戾 92
房 42、112
五畫
扁 10、116
扃 76
六畫
扆 186
扇 203
扇 137、138
七畫
扈 59
八畫
扉 42

手(扌)部

才 14
(才) 14
手 143
二畫
打 31
扑 118
扐 90
扔 133
三畫
扞 55
扛 49
扤 165
扣 85
扢 122
扱 15
四畫
扶 45
(扶) 119
抏 159
抎 196
技 66
抔 118
扼 39
拒 77、78
批 114
抄 18
扫 59
折 139、203
扳 5
扴 67
扲 127
抈 196
抵 207
抑 187
投 156
(抃) 10
抆 163
抗 83
抉 80
把 4
抒 144
承 20
五畫
抾 126
拑 123
抴 184
拓 158
(拓) 206
抪 13
拔 4
抨 113
拈 107
抽 23
抶 22
(拕) 157
拊 46
拍 111
(拆) 16
抵 34
拘 77
抱 6
拄 211
拉 89
拌 111
(拌) 111
拕 157
(抲) 39
抋 9
抳 102
拂 9、45
拙 215
招 202
披 114
(披) 114
拚 10、111
拇 104
(拜) 4
拏 105、109
六畫
拭 142
挂 52
持 21
拮 72
(拮) 67
拱 50
(拍) 111
挎 85
挃 208

(拽) 184
挏 155
挺 155
括 51、88
(挻) 137
拾 73、142
挑 154
拸 53
指 207
拸 21
(挖) 159
按 2
拯 205
拹 173
挈 122、126
拲 50
挫 216
(拿) 105
拳 130
挐 134
七畫
捄 76、129
捕 13
振 205
挾 168、173
捎 138
捍 55
捉 215
捆 88
捐 79
挹 188
(挹) 185
捌 4
捈 156
挫 219
捋 96
捊 118
換 60
挽 160
捔 80、215
挩 145、157
捃 80
挶 77
挨 1
捘 30、131、219
八畫
捧 114
(掛) 52
掫 217
措 30
掝 63
掎 66
掩 182
掾 215
捷 73、126
排 111
掉 36
掍 62
捫 100
捶 26
捼 109
掜 106
推 157
捭 4
掀 169
(捨) 139
(捡) 127
掄 96
(採) 14
授 143
掤 11
(掏) 152
(掬) 77
掠 97
掖 184
捽 218、219
掊 118
接 72
捲 79
掞 138
(掞) 182
控 85
探 151
揵 123
(掃) 136
据 72、77
掘 80、86
掇 38
掔 122
掌 202
掣 19
(掣) 22
九畫
揳 67
揕 205
揮 49
揠 180
揀 68
揩 82
提 153
揚 183
揖 185
揭 72、122
揣 25、213
揟 59、86
插 15
(揪) 76
搜 147
揓 38
揄 192
揜 182
援 195
揃 68
揮 61
摡 48
握 163
(揙) 11
揆 87
搔 136
揉 133
掾 195
揅 181
揫 146
揫 76
十畫
搢 74
搷 154
(搩) 149
搏 12
搣 102
搋 208
損 149
(搗) 33
搖 183
搯 152
搶 124
搞 20
搒 114
搯 24
搤 39
(搧) 137
搉 131
搦 109
搴 2
摹 103
搴 122
十一畫
摫 52
(摝) 4
摲 17
摶 156
摳 85
摼 122
摽 10、11
摴 24
摟 95
摧 29
摑 212
(摠) 217
摐 25
摭 206
摝 96
摘 200
(撇) 117
摺 204
(摺) 89
摎 76
摻 137
摷 202
(摯) 107
摯 208
摩 103
擎 117
十二畫
撓 105
撻 150
撎 188
撕 166
撖 66
撅 80
撩 93
撲 118
撐 20
撮 29
撫 46

播 12
擒 127
撝 61
撚 107
撞 213
撤 19
撙 219
(撿) 122
撊 170
撰 213
撜 205
撥 12
擎 127

十三畫

擭 63
撼 55
據 78
操 14
擇 199、201
擐 60
擉 26
擻 125
撿 69、93
擔 31、32
擅 138
擁 191
擗 9
擊 64
(擥) 125
擘 13

十四畫

擣 33
(擖) 89
擨 185
擩 134
擈 12
擬 106
擴 88
擿 208
擠 66
(擲) 208
擯 11
擢 215
擥 89
(擪) 185

十五畫

擷 173
擾 132
攄 24、144
擻 147
擽 97
攋 94
攀 111

十六畫

攈 80
攘 122

十七畫

攖 190
(攕) 137
攙 17
攘 132

十八畫

攝 139
攜 172

十九畫

攦 92
攢 28
攤 100
(攟) 80
攣 96

二十畫

攫 80
攪 71

二十一畫

攬 89

支部

支 206

八畫

攲 120

攴(攵)部

(攴) 118

二畫

攷 83
收 143

三畫

攻 50
攸 191
改 48
(攸) 141

四畫

攽 5
放 42

五畫

政 206
故 51
敂 176
(敂) 85
敁 102
敄 164

六畫

敆 2
致 208
效 172

七畫

赦 139
教 70、71
救 76
敎 12
敕 22
敗 5
敏 102
(敚) 38
敝 9
敢 48

八畫

散 136
敬 75
敞 18
敤 84
敜 108
敦 38
(敠) 38

九畫

(敡) 183

敫 64、71

十畫

敳 1
敲 124

十一畫

敷 45
敺 110、129
數 144、145、146
敵 34

十二畫

整 205
敽 71

十三畫

斁 187
斂 93

十四畫

(斅) 26

十六畫

斆 172

文部

文 163

六畫

斈 160

八畫

斑 5
斐 42
(斌) 11

斗部

斗 36

六畫

料 93

七畫

斜 172
斛 59

八畫

斝 68

九畫

斟 204

十畫

斠 71
斡 163

斤部

斤 74

一畫

斥 22

四畫

斧 46
斨 124

五畫

斫 215
斪 129

七畫

斬 201

八畫

斯 146
斮 215

九畫

斳 74
新 174

十畫

斲 215

十三畫

斶 24

十四畫
斷 37
二十一畫
(斸) 211

方部

方 42
二畫
㫃 182
四畫
斻 56
於 164、192
(扵) 164
五畫
斾 113
斿 95、191
施 141
六畫
旁 112
(旆) 113
旄 99
旂 121
旅 97
旃 201
七畫
旌 75
族 218
(旍) 75
旎 106、186
旋 177
八畫
旐 203
九畫
旓 138
旒 95
十畫
旗 120
旖 186
十三畫
旟 192
十四畫
旛 41
十五畫
旝 86
(旜) 201

旡部

旡 67
五畫
既 67
七畫
(旣) 67

日部

日 133
一畫
旦 32
二畫
早 199
旨 207
旬 179
旭 177
三畫
旰 48
旱 55
四畫
昔 167
杳 183
(旾) 26
旺 160
昊 56
昃 199
昆 88
昌 17
昇 141
昕 174
昄 5
明 102
昒 59
易 187
昂 2
旻 102
昉 42
昈 59
昏 62
曶 59
五畫
春 26
(昚) 140
昧 100
是 143
昜 183
映 190
昷 163
星 174
昳 36、188
昨 219
昫 176
昴 99
昱 194
昡 178
昵 107
昢 118
昭 202
昪 10
昶 18
六畫
晉 74
時 142
(晒) 137
晃 61
(晄) 61
晁 18
(晈) 71
晐 48
晏 182
七畫
晢 203
(晣) 203
晡 13
晤 164
晨 19
晛 170
晧 56
晦 61
晞 166
㬇 60
晚 160
晜 88
晙 81
晝 210
八畫
晳 166
(晴) 127
暑 144
晽 94
(晰) 166
晻 2、182
晶 75
晲 106
(暀) 160
晷 53
景 75、190
晬 219
晼 159
(智) 208
普 119
九畫
㬉 109
暘 183
㬈 163
暒 127
(暖) 109
暗 2
(暄) 177
暈 196、197
暉 61
暇 168
暋 102
暓 99
十畫
暍 126
暮 104
暱 107
曄 185
暢 18
暠 56
暝 103
暨 67
十一畫
(暼) 173
暫 198
暵 55
暴 6、119
曏 171
十二畫
曆 92
(㬪) 74
曉 172
曀 188
暾 157
十三畫
曙 144
曖 1
(㬥) 6
十四畫
曠 86
曜 184
十五畫
(曝) 119
曡 36

十七畫

曩 105

十九畫

曬 137

曮 182

二十畫

曭 152

曰部

曰 195

二畫

(曳) 184

曲 129、130

三畫

更 50、75

五畫

曷 57

六畫

書 144

七畫

曹 14

曼 98

八畫

替 153

暜 14

最 219

曾 15、200

九畫

會 62、86

月部

月 196

二畫

有 192

四畫

朋 114

服 45

六畫

朕 205

朔 146、148

朗 90

七畫

望 160

八畫

朞 64

期 120

(朞) 64

朝 18、203

十畫

(朢) 160

木部

木 104

一畫

未 162

末 103

本 7

朮 144、145、211

札 200

二畫

朾 20

朽 175

朴 118

朹 53、129

机 64

(朻) 76

朸 90

朿 27

朱 210

朵 38

三畫

杅 192

杇 164

杜 37

杠 49

材 14

村 29

杕 34

杖 202

杌 165

杙 187

杏 175

杓 10、139

杞 121

李 91

杝 91、185

杈 15

束 145

宋 99

四畫

枉 160

枅 64

扶 45

林 94

柿 43、118

枝 206

杯 6

柜 77

枒 180

杶 26

枇 8、114

枑 59

杪 101

(枂) 105

枘 135

杵 24

枖 183

枚 100

(枏) 166

析 166

板 5

枍 187

枌 43

松 147

杸 144

杭 56

枋 42

枓 211

枕 204

杻 108

杷 111

杼 212

東 36

杲 49

果 54

五畫

某 104

柰 105

柑 123

枻 187

枯 85

柯 84

柄 11

柸 6

柘 204

柩 76

枰 117

柙 168

柛 140

枵 171

柚 192、211

枳 207

柍 183

柷 212

柖 146

(柟) 105

柶 147

柣 208

柞 199、219

柎 44

柏 4

柝 158

柢 34

枸 51、78

柵 200

柳 95

柂 5、45

柱 211、212

柹 142

(柈) 111

柅 106

柫 45

枷 67

柀 8

枱 146

柬 68

柴 120

染 132

架 68

枲 167

柔 133

六畫

栔 122

栞 82

栽 198

桂 53

桔 72

栲 83

栱 50

桓 60

栖 166

(栖) 120

栒 192

栫 69

栭 39

栵 93

桋 186

桎 208

桄 52

栧 187

桐 155
梠 97
梾 210
梃 155
栝 51、88
栢 77
栰 41
梴 16
桁 56、58
桃 152
栒 149
格 49、113
栘 185
(栘) 185
校 71、172
核 57
栟 11
根 50
栩 176
栗 92
柴 16
條 154
桀 133
桀 72
桊 79
案 2
桑 136

七畫

梣 95
械 173
梂 129
梈 12
梗 50
梧 164
梪 37
梄 191
(梄) 6
梜 67
梐 8
梢 138
桯 20、155
梬 190
梱 88
梼 15
梏 51、79
梅 99
梔 206
桼 120
桴 45
桵 135
梅 80
梓 216
梳 144
梲 135、157、215
梯 153
梡 60
桹 89
梫 127
(梛) 208
梋 77
桶 155
梨 91
梟 171
梁 93
(梁) 83

八畫

棊 120
(棒) 5
棖 20
楮 24
棱 91
(棋) 120
椒 147、217
楛 59、86
植 206
森 137
棽 19
棼 43
棟 36
棫 194
椅 185、186
椓 215
棲 120、166
棧 201
椒 70
(棹) 203
椇 78
棍 62
楇 53
棰 26
椈 192
棿 106
椎 26、214
椑 6、9、114
棌 14
梒 132
棚 114
椆 23
椈 77
椋 93
椁 54
棓 5、118
棱 72
棬 130
(棬) 79
棪 182
棺 52
椀 159、160
楗 69
棣 34
椐 77
極 65
椵 215
椔 216
棗 199
棘 64
棐 42
棠 152
(棃) 91
(棄) 20
棄 122

九畫

楔 172
楱 28
椿 26
楪 99
椹 204、205
楪 184
楂 31
楠 105
(楂) 200
楚 24
楅 7
楝 93
楲 68
楩 134
楷 82
楨 204
楊 183
楫 65
楣 99
楬 72、122
椳 160
(楸) 128
椴 37
楩 116
楼 147
槐 60
楀 193
槌 26、214
楯 145
榆 192
楥 177
楼 217
楓 44
楟 155
椸 185
槎 15
(楦) 177
楎 62
楄 116
概 48
椵 68
楃 163
楣 100
楈 176
楹 190
楙 99
椽 25
業 185
楽 199
榘 77
楶 73
(椠) 48

十畫

槖 157
榦 48
榛 204
構 51
榬 195
槢 206
榼 84
構 6
模 103、104
(槤) 93

字	頁
榑	45
(槈)	109
(榎)	68
棧	123
榯	142
㮿	9
榻	150
𣗥	67
榭	173
棒	72
𣘊	166
槐	114
榹	146
榝	136、137
榣	183
榽	166
槍	124
榤	72
榴	95
榱	29
槁	49
(槨)	54
槉	65
樆	91
榜	5、7、114
榕	133
榷	131
槃	111
槀	49
槊	146
榮	133
十一畫	
槷	107
槸	174
𣚚	62
槿	74
横	58
樠	98
槫	156
槽	14
樞	110、144
標	10
樮	192
樗	24
(樐)	95
樝	200
樘	20、152
樓	95
槾	98、160
樏	90
樅	27、217
樊	41
橡	171
(槺)	83
樟	202
樀	33
樣	183
橢	157
槢	167
樛	76
槮	136
樔	18、202
槧	124
樂	90、184、196
𣙙	121
(㯆)	157
十二畫	
(檠)	127
樲	40
橈	105、132
樾	196
樹	144
橄	127
橝	151
橛	80
橑	93
樸	118
(橅)	103
(橇)	124
橋	125
檹	179
檇	219
樵	125
橪	132
橦	25
樴	206
榼	167
橉	94
樽	219
檖	149
橙	20
橘	77
機	64
(橐)	96
橤	135
十三畫	
檉	20
檴	63
橿	69
檟	68
檡	201
櫛	208
檓	61
檄	167
檢	69
檜	53、86
檐	32
檀	151
檥	186
橚	128、148
檕	67
檗	13
十四畫	
(檈)	158
檮	33
櫃	87
(櫃)	53
檻	69
(檽)	134
櫄	26
櫡	212
(檼)	189
櫂	203
檵	67
櫜	53
檿	182
檾	128
十五畫	
櫝	37
麓	96
櫌	191
櫟	92
櫓	95
櫧	211
櫜	49
十六畫	
(蘖)	107
欂	12
櫹	171
櫪	92
櫨	95
櫚	181
櫳	95
櫱	107
櫽	189
十七畫	
權	130
櫺	94
櫻	190
欄	89
櫼	68
櫾	192
十八畫	
欇	139
欋	129
十九畫	
欐	92
欑	28
欒	96
二十一畫	
欘	211
欚	91
欠部	
欠	123
二畫	
次	27、216
四畫	
欣	174
六畫	
欱	57
欬	82
七畫	
欯	193
欮	140
欷	166、176
欲	194
(欵)	39
欶	1
八畫	
款	86
欺	120
欹	120
欽	127
欿	82
欻	176
九畫	
歁	82

歇 172
歃 25
歆 137
歈 192
歊 174
十畫
歌 49
歍 164
歒 171
歉 124
(歎) 20
歊 173
十一畫
歎 151
歐 110
(歐) 110
歔 166、176
(歈) 189
十二畫
歕 113
歖 166
歙 139
十三畫
歜 24
(歟) 192
(歛) 93
(歗) 172
十五畫
歠 27
十七畫
歡 60

止部
止 207
一畫
正 205
二畫
此 27
三畫
步 13
四畫
武 164
歧 121
歫 78
六畫
峙 21、207
(歭) 123
九畫
歲 149
十畫
歰 137
十二畫
歷 92、114
十三畫
(壁) 9
十四畫
歸 53

歹部
二畫
歽 175
死 146
歺 14
四畫
殀 183
殁 175

殁 103
(殁) 163
殁 103
五畫
殂 28
殃 182
殄 154
殆 31
六畫
殊 144
殈 177
殉 179
殔 147
七畫
殍 116
八畫
殖 206
殗 185
殘 14
殑 160
殙 62
殛 64
九畫
殟 163
十畫
殞 196
殠 23、175
十一畫
殣 74
殤 138
十二畫
殪 188

(殨) 62
殫 31
十三畫
殭 69
斃 9
十四畫
殯 11
十五畫
殰 37
十七畫
殲 68

殳部
殳 144
五畫
段 37
六畫
(殸) 59
殸 125
殷 181、188、189
殺 137
七畫
殼 128
殹 187
殽 76
八畫
殼 84
(殼) 125
殽 172
九畫
殿 51
毄 64
毀 61

殿 35
十畫
毃 124
十一畫
毆 110、129
毅 188
十二畫
(磬) 138
十四畫
(毉) 185

毋部
毌 52
毋 164
一畫
母 104
三畫
毐 1
每 100
四畫
毒 37
九畫
毓 194

比部
比 8
五畫
毖 9
毗 114
十三畫
毚 17

毛部
毛 99

六畫
毨 169
七畫
毫 56
(毦) 133
八畫
毳 29、124
九畫
毹 158
毸 84
十一畫
氂 99
氅 61
十二畫
氄 133
十三畫
氈 201

氏部
氏 143、206
一畫
氐 33、34、206
民 102
四畫
氓 99、100

气部
气 122
四畫
氛 43
六畫
(氤) 188
氣 122

九畫
(氳) 188、196

水(氵氺)部

水 145
一畫
永 191
二畫
汀 36、155
汁 206
汃 11、111
氿 53
氾 41
求 129
三畫
汗 55
(汙) 192
污 164
江 69
(汏) 150
汕 138
汘 123
汔 122
汋 139、215
(汋) 26
汍 159
汎 41、44
汐 167
汲 65
汒 99
汛 179
汜 146
池 21、27
(汝) 134
四畫
汪 160
汧 122
沅 195
沄 196
沐 104
沛 113
沔 101
(沵) 95
汰 150
沋 191
沌 38、157
沘 8
沍 59
沚 207
沙 137
汨 101
汩 51
沖 22
汭 135
沃 163
沂 186
汳 10
汾 43
泛 41
(沿) 181
汦 207
(沛) 66
沕 101、165
㳄 169
沟 80
没 103
汴 10
汶 163
沆 56
汸 42
(汸) 112
沈 140
(沈) 19
沉 19
沁 127
決 80
泐 90
沓 150
沝 214
五畫
沬 103
沫 100
法 41
泔 48
泄 173、187
沽 51
沭 145
河 57
沰 158
泧 63
沾 154、201
沮 77、78
油 191
泱 182
況 86
泂 76
泗 147
泆 188
泭 44、45
泊 12
泝 148
沴 92
泠 94
泜 21、206
沿 181
泃 77
泡 112
注 212
泣 122
泫 178
泮 111
泬 178
沱 112、157
泌 9
泳 191
泥 106
泯 102
沸 43、45
泓 58
沺 211
沼 203
波 12
治 207
泉 130
泰 150
六畫
洭 86
洼 159
洔 207
洪 58
洹 60
(洒) 136、169
洧 161
洊 69
洏 39
洿 164
洌 93
洟 153、186
泚 27
洸 52
洩 187
洞 36
洄 61
洙 211
洗 167、169
活 63
涎 169
洎 67
洫 177
洶 168
洐 174
派 111
洽 122
洮 152、183
洵 179
洶 175
洚 70
洛 96
洺 103
洨 172
洋 183
洴 113、117
洲 209
津 73
泇 78、134
七畫
浙 204
浡 9、12
浦 119
浭 50
涑 148
浯 164
酒 76
浹 67
涇 75
涉 139
消 171
涅 108
浿 113
浞 215
涓 79
浥 188
涔 15、123
浩 56
浰 92
涏 177

海 55
滶 191
涖 92
涂 24、156
浴 194
浮 45
涣 60
浼 100、101
流 95
涚 145
涕 153
浣 60
浶 90
浪 90
涒 157
浸 75、126
涊 107、154
涌 191
涘 146
浚 81、179

八畫

清 127
（添） 154
渚 211
淩 94
涬 175
淇 120
渲 22
淋 94
淅 166
淶 89
涷 36
淢 194
涯 180
淹 181
涿 215
淒 120
渠 129
淺 68、123
淑 144
淖 26、106、203
（淖） 26
（淲） 10
混 62、88
淠 115
淟 154
涸 57
涾 150
淩 163
淮 60
淮 160
淦 139
淦 48
淪 96
淆 172
淫 126、189
淨 76
淰 140
淜 117
涽 62
涼 93
淳 26、214
液 184
淬 29
涪 45
淒 126
淤 192
淯 194
淡 32
淙 28
涫 52
涴 194
淚 91、92
深 140
淥 96
涵 55
淄 216
淼 101

九畫

湊 28
湁 22
湛 202
渫 173
湖 59
湘 170
渤 12
湢 8
湮 180、188
湅 93
減 69
湎 101
渜 109
湝 72
湞 204
湝 141、175
湨 77
湜 142
渺 101
測 15
湯 138、151、152
湒 65
湡 192
温 163、197
渴 72、84
渨 160
渭 162
湍 156
滑 60
（滑） 51
湃 111、113
湫 70、128
湩 36、155
溲 147
渕 195
湟 60
湏 75
渝 192
湕 181、182
湲 195
湌 14
湓 113
渢 44
渟 155
渡 37
湆 122
（湆） 122
游 191
湔 68
滋 215
渾 62
溉 48
渥 163
（渥） 110
渳 101
湣 102
湋 161、162
湄 100
湑 176
（滁） 24
（湧） 191
湀 53
湰 136

十畫

溱 204
滶 2
溝 51
溘 84
溙 99
漠 103
滇 35
溎 92
（溎） 89
溥 118、119
溡 49
溧 92
溽 134
滅 102
源 195
溼 142
滜 9
溳 196
溷 62
溦 160
滌 34
溚 175
準 214
溬 146
滔 152
溪 120、166
滄 14
滃 163
溜 95
滾 148
滈 56
溡 88
漓 91
溏 151
滂 112
溜 24
滋 177
溢 187
溓 93
（溯） 148
（溟） 140

溶 133
滓 216
溟 103
溺 106、107
湽 207
(澑) 191
滎 175、190
滕 152
十一畫
漬 216
潙 180
漢 55
潢 61
滿 98
漆 120
漸 68、69
漙 156
漕 14
漱 145
漚 110
漂 116
滑 26
滯 208
滷 95
滮 10
漊 95、96
漫 98
漯 91
滤 60
漼 29
潀 191
漇 167
潋 177
(漁) 192
漪 185
(漪) 92
滸 59
滽 191
漉 96
漳 202
漨 17
滴 33
漩 177
(漩) 177
漾 183
潄 117
演 181
滵 101
漏 95
漻 93
滲 140
漦 21
潁 190
漿 69
十二畫
潔 72
澆 70、106
澒 58
澮 43、113
澍 144
(澎) 113
澌 146
潮 18
潸 137
潭 151
潦 90
澐 196
潛 123
潤 135
澖 169
澗 69
潰 62、87
潬 32、138
澂 20
澖 161
潕 164
潟 168
潐 71
澔 56
潒 28
澳 194
澹 167
潘 111
潼 155
澈 19
潧 200
澇 90
(澇) 90
潯 179
潺 16
(澮) 111
澄 20、33
潑 12
潏 80、194
十三畫
濩 59、63
濛 100
澣 60
濇 137
濊 62
(濊) 63
澠 101、141
澉 84
潞 96
澧 91
濃 108
澡 199
澤 199
濁 215
澨 143
澰 208
激 64
澮 86
澹 32、151
(澹) 138
澥 173
澶 16
(濂) 93
澺 187
澔 148
澱 35
澼 115
澩 178
十四畫
濤 152
濊 102
濫 89
濿 92
濔 101
濡 134
濬 80、179
(濕) 142
濮 118
濞 115
濠 56
濟 66
(瀁) 183
濱 11
濘 108
濜 74
(澀) 137
濯 215
濰 161
十五畫
瀆 37
瀀 191
瀦 211
瀑 6
濺 69
濼 92、96
瀏 95
瀍 16
瀌 10
瀉 173
瀋 140
十六畫
瀚 55
瀟 171
瀨 89
瀝 92
瀖 63
瀕 11、117
瀯 174
瀘 95
瀙 127
瀧 95
瀛 190
十七畫
瀰 92
灌 52
瀾 89
瀹 196
瀸 68
瀺 71、215
瀺 17
瀼 132
瀰 101
瀵 22、187
十八畫
灄 139
灊 123
灃 44
灛 168
(灅) 41
灉 191

十九畫
灘 150
灑 136
灓 96
二十一畫
灝 56
(瀿) 91
灉 148
灟 211

火(灬)部

火 63
二畫
灰 61
三畫
灸 76
灼 215
灺 173
(灾) 198
(災) 198
四畫
(炁) 122
炅 76
炙 208
炬 78
炖 157
炒 18
炘 174
炊 26
炕 56、83
炎 181
五畫
炭 151
炰 112
炳 11
炯 76
(炧) 173
炮 112、113
炫 178
炤 203
炱 150
六畫
烖 198
烕 102
烈 93
烋 171
烏 164
(烏) 164
烘 58
烜 177
(烟) 180、188
烻 182
烑 183
(烙) 113
(烊) 183
𦘔 74
烝 205
七畫
焉 180
(烹) 113
(焫) 135
烰 45
焕 60
烽 43
𤈦 61
焌 81
(焄) 178
八畫
煑 211
焚 43
煦 176
無 164
焦 70
(焦) 70
然 132
焯 214
(焯) 215
焜 62、88
焮 174
焞 157
焠 29
焨 194
焱 182
焭 128
九畫
煦 176
照 203
煞 137
煎 68
煁 19
焊 49
煏 8
煙 180
煉 93
煩 41
煗 109
煬 183
煴 196
(熅) 188
煜 194
煨 160
煟 162
煓 156
煌 60
煖 109、177
煔 138
(煊) 177
煇 61
煒 162
煣 134
十畫
熬 2
熙 166
熏 178
熚 185
熉 196
熂 168
熄 166
熒 190
(熔) 133
煽 137
熊 175
十一畫
熭 162
熱 132
熲 76
熟 143、144
熯 55
(熿) 61
熷 199
熛 10
熜 27
熠 188
熨 162
十二畫
熹 166
燕 180、182
燄 182
燒 138
熺 166
燂 123、151
燎 93
熸 68
燀 17
燋 70
燠 194
燃 132
熾 22
燐 94
燧 149
營 190
燖 179
(燈) 33
(燙) 152
十三畫
燮 174
燦 14
燥 199
燡 187
燭 211
燬 61
十四畫
燾 33、152
爇 135
燹 169
爁 89
燻 178
爌 61、86
燼 74
燿 184
(燿) 146
十五畫
爆 6
爍 96、146
十六畫
爐 95
爓 182
十七畫
爟 52
爛 89
爚 196
爝 79
十八畫
爔 23
(爔) 155
二十一畫
爥 211
爨 28

爪(爫)部
爪 203、212
四畫
⿱爫王 189
爭 205
五畫
爰 195
爯 20
八畫
爲 161、162
[illegible] 96
十三畫
爵 79
父部
父 46
爻部
爻 183
四畫
㸚 40
七畫
爽 145
十畫
爾 40
爿部
爿 124
四畫
牀 25
五畫
牁 49
六畫
牂 198
十畫
牄 124
十三畫
牆 124
片部
片 111、116
四畫
版 5
五畫
(牉) 111
八畫
牋 68
九畫
牒 36
牏 156
十一畫
牅 192
十五畫
牘 37
牙部
牙 180
八畫
牚 20
牛(牜)部
牛 108
二畫
牝 117
牟 104
三畫
牡 104
牣 132
牢 90
四畫
⿰牛市 7
牧 104
物 165
五畫
牭 147
牲 141
牴 34
(⿰牛它) 84
六畫
特 152
牷 130
牸 216
七畫
牾 164
牻 99
牼 84
牿 51
⿰牛甬 28
牽 122
八畫
犇 7
犆 206
(犆) 152
犅 49
犉 135
犍 68、123
犂 91
犀 166
九畫
⿰牛料 84
十畫
犕 45
犓 24
犒 83
犗 73
犖 96
十一畫
犛 91
⿰牛累 90
⿱敝牛 102
十二畫
⿰牛喬 83
(⿱翟牛) 70
十五畫
犢 37
犦 12
犣 94
十六畫
犧 166
犨 23
犬(犭)部
犬 130
一畫
犮 4
二畫
犰 129
犯 41
三畫
犴 55
(犴) 2、194
四畫
狂 86
⿰犭屯 157
犺 83
狄 34
狃 108
狁 170、196
狀 213
五畫
狝 21、186
狉 114
狘 178
狙 77
狚 31
狎 168
狌 141
(狌) 174
狐 59
狗 51
狍 112
(狖) 192
狔 106
狒 43
狕 183
狊 77
六畫
狟 60
⿰犭廷 155、181
狧 150
狿 99
狣 203
狡 71
狩 143
(狠) 57
七畫
(狾) 208
狹 168
(狸) 91
狷 79
狺 189
狼 89
⿰犭吾 105
狻 148
八畫
猜 14
(猪) 211
(猫) 99
猗 92、185
(猇) 171
猖 17
猘 208
猊 148
猙 205
⿰犭戾 92
猝 28
(狷) 68
猛 100
猋 10
猒 182
九畫
猰 180
猩 174
猲 172
猥 162
猾 60
獀 147
猴 58

猨 195
猦 44
猶 183、191
𤟤 61
猵 116
(猳) 67
猱 105
猷 191

十畫

(猿) 195
猼 12
獅 141
𤠰 171
㺝 170
獒 2

十一畫

獑 17
獌 99
(𤢺) 217
獄 194
獐 202
𤢻 171
𤢖 137
獘 9

十二畫

獟 171
獦 49
𤢨 19
獠 93
獜 94
獝 177

十三畫

獲 63
𤢊 105、108
獧 79
獨 37
獥 71
獫 170
獬 173

十四畫

獮 170
獳 134
獯 178
獷 52

十五畫

(獶) 105
獵 94
獸 143

十六畫

獺 150
獻 170

十七畫

獼 101

十八畫

(𤣀) 129

十九畫

獿 105
(𤣐) 170

二十畫

玃 80

玄部

玄 177

六畫

玈 95

率 97、145

玉(王)部

王 160
玉 194

二畫

玎 36
玏 90

三畫

玕 48
玗 192
玓 34
玖 76

四畫

玤 5
玞 45
玩 159
玡 180
(玭) 117
玫 100
玠 73
(玪) 68
玬 103
玟 100、102
玦 80

五畫

𤤁 80
珂 84
玷 35
玳 31
珀 118
珍 204
玲 94
珊 137
珌 9
珉 102
珈 67

六畫

珪 52
珥 39
珛 175
琊 184
(瑘) 180
玼 27
珚 180
珠 210
珽 155
珩 58、174
珧 183
珮 113
珣 179
珞 96
班 5
珕 92

七畫

球 129
琣 164
珵 20
(現) 170
理 91
琇 176
(琁) 177
琈 45
珨 55、56
琉 95
琅 89

八畫

琫 7
珷 164
琴 127
琪 120
瑛 190
琳 94
琦 120
琢 215
琖 201
琡 24
琥 59
琨 88
琠 154
琤 20
琱 35
琰 182
琮 28
琯 52
琬 159
(瑯) 89
琛 19
琭 96
琚 77

九畫

瑟 137
瑚 59
瑊 68
瑌 134
瑒 183
瑁 99
瑞 135
瑰 53
瑀 193
瑜 192
瑗 195
瑳 29
瑄 177
瑕 168
瑨 102
瑋 162
瑂 100
瑵 203
瑑 213

十畫

瑱 154、204
璉 93
瑣 149
瑤 183
瑲 124
瑠 95
璃 91
瑭 148
瑴 80
瑩 190
瑬 95

十一畫

(𤥂) 120
瑾 74

璜　61
璊　100
瑦　156
璀　29
璡　74
璁　27
璋　202
璇　177
璆　129
璅　199

十二畫

璙　93
璞　118
璑　164
璠　41
璘　94
璲　149
璯　208
璣　64
璗　32

十三畫

璩　129
璫　32
璐　96
璪　199
環　60
璵　192
璧　9

十四畫

璹　143
(瓀)　134
(璿)　177
瓊　128
璽　167

十五畫

(瓃)　90
瓅　34、92
璺　163

十六畫

(瓌)　53
瓏　95

十七畫

瓘　52
瓔　174
瓖　170

十九畫

瓚　198

瓜部

瓜　51

三畫

瓝　12

五畫

瓞　36
㼌　193
(瓟)　112

六畫

瓠　59、91

十一畫

瓢　116

十四畫

瓣　5

瓦部

瓦　159

四畫

瓮　163
瓬　49
瓪　42

五畫

瓴　94

六畫

(缻)　44
(甁)　117

八畫

甞　32
甀　26
𤭛　114
瓿　13

九畫

甄　204
甃　210
甂　10

十畫

甍　100

十一畫

甌　110
甊　95

十二畫

甒　164
甑　200

十三畫

甔　31
甕　163
甓　115

十四畫

(甖)　190

十六畫

甗　182

甘部

甘　48

四畫

甚　140

六畫

甜　154

生部

生　141

五畫

眚　141、175
甡　140

六畫

產　17

七畫

甤　135
甥　141

用部

用　191

二畫

甫　46
甬　191

五畫

葡　6

七畫

(甯)　108

田部

甲　68
申　140
田　154
由　191

二畫

町　155
甹　117
男　105
甸　50

三畫

畀　9
甿　100
甾　198、216

四畫

畐　7
(畊)　50
畎　130
畏　162
畋　154
界　73
畇　196

五畫

畛　204
畟　15
畔　111
留　95
(畝)　104
畜　24、177
畚　7

六畫

畢　9
畦　121
畤　207
異　187
略　97
(畡)　48

七畫

畮　104
畯　81
畬　139、192
番　41、111、118
畫　60

八畫

畺　69
當　32
畸　64、120
畷　214

九畫

(畽)　157

十畫

(畱)　196
畿　64

十一畫

疁　95

十二畫

疃　157

十四畫

疇　23

十七畫

(疊)　36

疋(⺪𤴓)部

疋　144
(⺪)　115、180

三畫

疌　73

七畫

(疎)　144

疏 144
九畫
疐 208
疑 106、185

疒部

二畫
疕 8、115
三畫
疛 210
疝 138
疚 76
四畫
疧 121
疣 191
𤵸 145
疥 73
疫 187
疢 20
五畫
疴 84
病 12
痁 137
疸 32
疽 77
疹 206
疾 65
疹 204
痀 77
疼 152
(疱) 113
疰 212
疿 43
痂 67
疲 114
六畫
痔 207
痏 161
痐 92
痍 186
疵 27
(痌) 155
痓 130
痑 142、157
痎 72
痒 171、183
痕 57
七畫
痡 45、118
痞 115
痙 76
痟 171
㾍 194
痗 100
痤 29
𤵻 140
(痾) 84
痛 156
痠 148
八畫
瘏 156
痳 94
瘃 211
痱 42
痹 9
痼 51
痸 22
痵 67
痿 162
瘐 193
瘁 29
(瘁) 125
瘀 192
痯 52
九畫
(瘈) 22
瘌 89
瘧 109
瘍 183
瘦 143
瘣 62
瘉 193
瘖 189
瘥 16、29
(瘦) 143
瘕 68
痻 102
十畫
瘺 22
瘛 22
瘼 103
瘨 35
瘞 188
瘭 52
瘜 166
瘡 25
瘤 95
瘝 145
(瘠) 65
瘚 80
十一畫
瘄 157
瘽 127
瘻 95
瘲 177
瘲 217
瘵 201
瘯 28
𤺋 95
瘳 23
十二畫
癘 92
療 93
𤻊 14
癇 169
癉 31、32
(癄) 125
癆 90
十三畫
癙 144
(癒) 193
癖 115
十四畫
癡 20
癠 66
(癢) 183
十五畫
癥 205
十六畫
癧 92
十七畫
癭 190
癬 169
(癬) 177
十八畫
癯 129
癰 191
十九畫
癱 150
(癲) 35

癶部

癶 12
四畫
癸 53
癹 4、12
七畫
登 33
發 12、41

白部

白 4
一畫
百 4
二畫
皁 199
(皂) 199
皀 170
皃 99
三畫
的 34
四畫
皆 72
皇 60
皅 111
五畫
皋 49
六畫
皎 71
皏 114
七畫
皕 8
皖 159
十畫
皚 1
(皞) 56
皠 57
十一畫
皟 199
皡 56
十二畫
皤 118
十三畫
皦 71
十五畫
皪 92
皫 116
十七畫
皭 71

皮部

皮 114
五畫
皰 113

九畫
(皺) 200
皸 80
十一畫
皻 200

皿部

皿 102
三畫
盂 192
四畫
盃 6
(盇) 57
盆 113
盈 190
五畫
盍 57
盎 2
(盄) 163
盉 57
(盌) 159
益 187
盐 101
六畫
盛 20、141
七畫
盜 33
八畫
(盞) 201
盟 100、102
九畫
監 68、69
盡 74
十畫
盤 111
十一畫
(盩) 209
盧 95
盥 52
盦 2
十二畫
盭 209、210
盪 32、151
十三畫
鹽 51

目部

目 104
二畫
(旬) 145
三畫
直 206
盱 176
盰 123
盲 99
四畫
相 170、171
省 141、175
眄 101
眇 101
眊 99
眕 168
盼 111
(眂) 143
䀛 165
眗 177
眈 31
看 82、83
盾 38
眉 100
五畫
真 204
(昚) 140
眜 100
眛 103
眒 140
眣 146
眕 204
眩 178
眝 212
眠 101
眙 185
眑 192
眢 194
六畫
眥 216
(眥) 180
眲 40
眦 180
(眦) 216
䀪 56
眽 103
(眺) 155
眴 145、178
䀩 103
眵 21
眯 101
眼 181
眸 104
眾 209
(着) 203、215
眷 79
七畫
(䀹) 73
睄 139
睅 55
睍 170
睊 79
睋 39
睎 166
睇 34
睆 60
八畫
督 37
睛 75
睹 37
睦 104
睞 89
睚 180
睫 73
睗 143
睡 145
睨 106
(睨) 115
睢 148
(睥) 115
睟 149
睠 79
睒 138
睩 96
睪 187
九畫
睿 135
瞍 147
睮 192
𥈤 15
瞇 101
睽 87
瞂 41
瞀 85
十畫
瞢 100
(瞢) 100
瞋 19
瞝 20
瞑 103
䁝 190
十一畫
瞡 52
瞞 98、100
瞟 116
瞠 20
(䁢) 177
瞚 145
瞰 83
瞥 117
十二畫
瞭 93
(瞤) 146
瞯 69
瞷 169
䁹 98
瞬 146
瞳 155
瞵 94
瞪 33
瞲 178
十三畫
瞽 51
矆 63
矇 100
瞿 78、129
矂 136
瞻 201
十四畫
(䁾) 102
矊 101
十五畫
矍 80
十六畫
𥌻 182
(矐) 63
矑 95
十七畫
矔 52
十九畫
矗 24
矙 83
二十畫
矘 152
二十一畫
矚 212

矛部

矛 99
四畫
矜 74
(矜) 52
七畫
矟 146
矞 194
八畫
矠 199

矢部

矢 142
二畫
矣 186
三畫
知 206、208
矤 140
四畫
矩 77
(矧) 140
七畫
短 37
十二畫
矯 71
矰 200
十三畫
矱 195
十五畫
矲 4

石部

石 142
三畫
矸 48
矼 49
(矺) 203
矻 86
四畫
砉 176
研 181
砄 44
(砄) 45
砌 122
砅 92
砏 117
砭 10
砊 83
五畫
砡 194
砰 113
砧 204
砠 77
砛 204
砥 34
(砲) 113
破 118
砮 109
六畫
(䂮) 97
硎 175
硌 96
七畫
硩 19
硤 168
硜 84
硯 182
硞 86
(确) 131
硠 89
砦 137
八畫
碁 120
(硻) 85
(碱) 164
碄 94
碕 120
碏 150
硾 214
碓 38
碑 6
碎 149
(碗) 159
碆 12
九畫
碧 9
碮 188
碭 32
碣 72
碨 162
碫 37
磈 162
磋 29、125
磃 214
磁 27
碿 102
碞 181
十畫
磝 124
磕 84
磌 154
磊 91
(磒) 196
磑 1、162
磃 146
(磎) 166
磔 203
磏 93
磍 67
確 131
(碾) 107
磐 111
十一畫
磬 128
磧 122
磖 85
磩 122
磪 29
磨 103
十二畫
磽 124
磾 33
礁 198
磻 111
(磻) 12
磷 94
磯 64
十三畫
(礚) 84
礎 24
(礉) 57
(䃛) 93
礔 114
礐 193
礜 131
十四畫
(礟) 113
礛 68
礪 92
礙 1
礦 86
(礦) 52
十五畫
礥 169
礫 92、96
礩 208
礨 91
十六畫
礴 12、112
礲 95
礱 95

示(礻)部

示 143
二畫
祁 121
礽 133
三畫
社 139
(礿) 196
祀 146
四畫
祉 207
祈 121
祇 121
祋 38
祊 7
五畫
祙 100
祛 129
祜 59
祏 142
祐 192
祓 45
祖 218
神 140
祝 210、212、218
祚 219
祔 46
祗 206
祕 9、101
祠 27
祢 148
祟 149
六畫
祧 154
(祧) 155
祪 53
𥙳 179
祥 171
票 116
祡 16
祭 67、201

七畫
祳 140
祰 49
祲 74
八畫
禇 24
祺 120
(䄍) 200
祼 52
禍 63
禄 96
禁 74、75
禀 12
九畫
禊 168
禖 99
福 45
禋 188
禎 204
禔 153
禓 138
禗 146
禘 34
禕 185
十畫
禡 98
禠 146
禚 215
禜 190
十一畫
(禩) 146
十二畫
禧 167
禫 32
禪 31、138
(禪) 138
禨 64
(鬃) 7
禦 193
十三畫
禮 91
禬 53
十四畫
禱 33
禰 101、106
十七畫
禴 196
禳 132
十九畫
禷 91

内部

内 133
四畫
禺 191、192、193
禹 193
六畫
离 91
八畫
禽 127

禾部

禾 57
二畫
秃 156
秀 176
私 146
三畫
(秆) 48
(秊) 107
秄 216
秉 11
四畫
秬 78
秕 8
秒 101
种 23
秭 216
秔 75
秋 128
科 84
五畫
秦 127
秣 103
秫 144
(秫) 145
秠 114
(秤) 20
租 217
秧 182
秩 208
秝 92
秖 206
(秘) 9、101
六畫
秸 72
秱 155
移 185
(移) 161
七畫
(稉) 75
稭 64
稍 138、139
稈 48
程 20
稇 88
稍 79
稌 156
稀 166
稃 44
税 145
稊 153
稂 89
八畫
稜 94
(稜) 91
稘 64
(稚) 208
稗 4
稔 132
稠 23
稟 94
(稟) 12
九畫
稧 109
稭 72
種 209
稱 19、20
稯 217
穊 67
稰 176
十畫
穀 51
稹 204
稽 64、121
稷 67
稻 33
(稿) 49
榜 112
(糕) 215
稼 68
稾 49、83
十一畫
積 64
穆 104
穄 67
穅 83
穌 147
穎 190
十二畫
穗 149
穛 215
穜 155、209
穟 149
穉 208
穖 66
穅 33
十三畫
穫 63
穡 137
穢 62
穦 27
十四畫
(穤) 109
穦 157
穔 86
穧 66
十五畫
穮 10
十七畫
穱 215
穰 132

穴部

穴 178
一畫
穵 159
二畫
究 76
三畫
空 85
穸 167、214
穹 128
四畫
(穽) 75
突 156
穿 25
窀 214
窆 10
五畫
窅 183
窄 180
窋 183

窄 201
窊 159
窌 71
窋 86、211
窈 183
六畫
窐 52
(窐) 159
窒 36、208
窕 154
𥦗 164
(窓) 25
七畫
窖 71
窗 25
窘 76
(窘) 80
(窒) 128
八畫
窢 177
窠 84
窞 32
窣 147
窟 86
窡 215
九畫
窫 180
窬 192
窨 190
(窪) 159
十畫
窮 128
窳 193
(窳) 159
窰 183
十一畫
窺 87
窶 78、95
窵 35
十二畫
窾 86
(窺) 20
竁 29
十三畫
竄 28
竅 125
十五畫
竇 37
十六畫
竈 199
十七畫
竊 126
立部
立 92
四畫
竑 58
五畫
竘 130
竝 12
(竚) 212
六畫
章 202
竟 75
七畫
竦 147
童 155
竢 146
竣 80
八畫
靖 76
竫 76
九畫
(竭) 72
端 37
十五畫
競 75
竹部
竹 211
二畫
竺 211
三畫
竽 192
竿 48
笈 65
笆 21
四畫
笄 64
笔 38
笑 172
第 216
笏 59
笇 148
笐 49
(笲) 149
五畫
𥬝 129
笨 7
笴 48
笘 137
笪 31
笛 34
笙 141
笮 199
(笮) 219
符 45
笭 94
笱 51
笠 92
笵 41
笥 146
笢 102
第 34
笯 109
笳 67
笲 10
笞 20
六畫
筐 86
等 33
筑 211、212
策 15
筒 36、155
筥 77
筳 155
筏 41
筵 181
筕 56
筌 130
答 31
筋 74
筍 149
筆 8
七畫
(筭) 148
筠 196
筮 143
筴 15
筲 138
(筯) 212
筱 172
筰 219
[illegible] 137
筦 52
筤 89
節 73
筩 155
八畫
箝 123
箸 212
箕 64
箬 135
𥮜 137
箋 68
(箎) 21
算 148
箅 9
箇 50
箘 80、131
箠 26
箄 7
箏 205
箙 45
箔 12
箈 150
管 52
箜 85
(箒) 210
箛 51
九畫
篋 126
𥳒 184
箱 170
範 41
𥳍 5
箴 204
箾 146、172
篎 101
篅 25
篍 128
箯 10
篁 60
篌 58、85
篪 186
(𥮧) 15
箭 69
篇 116
篠 24
(𥳑) 150
篆 213

十畫
篝 51
篚 42
篤 37
篥 9、92
(篴) 34
篡 29
篹 148、213、218
篳 9
簉 199
(篠) 172
篗 196
(篩) 137
篪 21
篛 163
篙 49
篖 151
篰 13
篣 114
十一畫
簀 199
簧 61
篿 156
簍 95
篾 102
簻 212
簃 185
篼 36
簁 137
簏 96
簇 28
篺 111
篕 53
(篸) 15
十二畫
簙 12
𥰭 128
簠 46
簟 35
簝 93
簪 198
簡 68
簢 102
簣 87
簞 31
簎 138
(簲) 111
𥴨 194
篽 193
簜 32
簨 149
𥳛 100
簦 33
十三畫
籀 210
簸 13
(籆) 196
簳 48
簵 96
簴 77
簬 96
簽 123
簷 181
簾 93
簿 13
簺 136
簫 171
十四畫
籍 65
籌 23
籃 89
籋 108
纂 218
籊 153
十五畫
籈 169
籑 213、218
籔 144、147
籓 41
十六畫
籜 158
籟 89
籧 129
籚 95
籛 68
籙 96
籠 95
籯 190
十七畫
籣 89
籞 193
籢 93
籥 196
籤 123
十八畫
籩 10
十九畫
籭 137
二十六畫
籲 194

米部

米 101
三畫
籹 109
四畫
粔 78
粃 8
粉 43
粈 133
五畫
粗 28
粕 118
粒 92
六畫
粟 148
粵 196
粢 216
粦 94
粥 194、210
(粥) 178
七畫
粲 14
(粳) 75
粮 93
粱 93
八畫
精 75
粻 202
粺 4
粼 94
粹 29
九畫
糂 136
𥻦 8
(糇) 58
糈 176
糔 175
(糅) 133
十畫
(糚) 213
糗 129
(糖) 152
十一畫
糜 100
(糜) 99
糟 199
糞 43
(糠) 83
(糝) 136
十二畫
(糦) 22
(糲) 92
糧 93
糩 115
十四畫
糲 92
十六畫
糴 34
糵 107
十九畫
糶 155
二十畫
糳 219
糷 89

糸部

糸 101
一畫
系 168
二畫
糾 70、76
三畫
紆 192
紅 58
(紂) 216
紂 210
紇 57
紃 179
約 26、195
紈 159
級 65
紀 65、66
紉 132
四畫
素 148
索 149
紊 163
紜 196
紑 44
紌 129
紘 58
純 26

紕 8、114
紗 137
納 105
紇 99
紝 133
紒 67
紟 74
紛 43
紙 207
紡 42
紞 32
糾 205
紐 108
紓 144
五畫
累 91
絉 103
(絉) 159
紺 48
紲 173
絨 196
紱 45
組 218
組 202
紳 140
紬 23
細 168
絅 76
紩 208
絁 141
紾 154、204
絇 78、129
終 209
紸 212
(絃) 169
絆 5
紵 212
紽 157
紼 45
絀 25
紹 139
紿 31
六畫
絜 173
紫 216
絛 152
絭 79
絮 177
(絫) 91
絓 52
結 72
絙 60
絝 86
絰 36
(絖) 86
(絏) 173
絪 188
絑 210
綎 155
(絥) 45
綖 181
(絍) 133
絟 130
給 66
絢 178
絳 70
絡 90、96
絶 80
絞 71
(絯) 55
統 156
絣 7
絲 146
七畫
綀 129
綆 50
經 75
綃 171
絹 79
絺 21
綌 168
綏 148
(綉) 205
絻 101
綈 153
綅 74、126
八畫
綦 120
緊 74
緐 111
綮 121、128
綪 123、205
緒 177
綾 94
緈 175
緅 217
緢 101
綝 19、94
緎 194
緉 93
綺 121
緁 126
緀 120
綫 170
綽 26
(綽) 26
緄 53
緆 166
綱 49
(網) 160
緺 51、53
緌 135
維 161
綿 101
綼 9
綸 52、96
綵 14
綬 143
綢 23
綯 152
緒 95
綧 214
綷 29
綣 123、130
緂 150
綜 217
(綻) 202
綰 159
綟 92
緑 96、97
綴 214
緇 216
九畫
(緜) 101
緤 173
緗 170
緸 188
練 93
緘 68
緬 101
緛 134
緹 153
緝 65、120
緼 188、196、197
緭 162
緦 146
緞 37
緶 116
緥 6
(緥) 124
(線) 170
緱 51
縋 26、214
緰 156、176
緩 60
緵 217
締 34
緧 128
縌 107
緪 50
編 10
緡 102
緯 162
緣 195
十畫
縠 59
縣 170、177
縏 111
縢 152
縈 190
縉 74
縝 204
縛 47
縟 134
縓 130
緻 208
縪 9
縚 152
縫 44
縐 210
縗 29
縞 49
縭 91
縊 187
縑 68

綷 198
十一畫
縶 207
緊 185
繁 41、118
(繁) 111
繇 183、192、210
縻 100
績 64
縳 213
縹 116
縷 96
縵 98
縲 90
繃 7
總 217
縰 167
縱 217
縩 14
縼 177
縮 149
(⿰糸習) 126
繆 23、103、104
縿 137
繅 136、199
十二畫
繭 68
(⿰系頁) 176
繇 183
縈 135
繞 132
繚 93
繢 62
繟 17
繑 124
⿰糸集 73
⿰糸頁 176
繙 41
繎 132
織 206
繕 138
⿰糸羨 170
繜 219
繒 200
(繦) 124
繘 194
十三畫
繫 67、168
繮 69
繩 141、191
繾 123
繰 136
繹 187
(繹) 143
繯 60
繳 71、215
繪 62
繵 16
繶 187
繡 176
十四畫
辮 10
繻 134、176
纁 178
纀 45、118
纊 86
繽 11
繼 67
十五畫
纍 90
續 177
纋 191
纆 103
纏 16
十六畫
纑 95
十七畫
纓 190
纖 169
纔 14
纕 170
十九畫
纛 33
纚 91、167
纘 218

缶部

缶 44
三畫
缸 49
四畫
缺 130
䍃 183
六畫
缿 171
缾 117
十畫
罃 190
十一畫
罄 128
罅 169
十二畫
(罇) 219
十三畫
(罋) 163
十四畫
罌 190
十五畫
罍 90

网(罒⺳)部

网 160
三畫
罕 55
罔 160
四畫
罘 45
五畫
罟 51
⿱罒氺 150
罝 77
罛 51
罠 102
六畫
罣 52
七畫
罥 79
罦 45
⿱罒艮 90
八畫
罫 52
署 144
置 208
罧 140
罭 194
睘 128、177
罨 182
罪 218
罩 203
九畫
罳 45、146
罰 41
十畫
罵 98
(睘) 128
罶 95
罷 4、114
十一畫
⿱罒鹿 96
罹 91
罻 162
十二畫
罽 67
罿 22、155
罾 200
十四畫
羆 114
羅 96
十七畫
羈 64
十九畫
羉 96

羊(⺶)部

羊 183
羋 101
一畫
羌 124
三畫
美 100
羑 192
四畫
牂 198
羖 51
羞 175
羔 49
五畫
(⿰⺶占) 51
羝 33
羜 212
羕 183
(羛) 187
六畫
羠 186
⿰⺶兆 203
羨 170
七畫
義 187
群 131
八畫
⿰⺶柬 36

九畫
羬 123
羯 72
羭 192
十畫
羲 166
十二畫
羵 43
十三畫
羸 90
羶 137
羹 50、90
羽部
羽 193
三畫
羾 50
羿 187
四畫
翅 22
扇 150
翁 163
(翃) 56
(翍) 22
翀 22
(翨) 22
五畫
翎 94
翊 188
習 167
翏 93、96
翌 188
翍 114
六畫
翛 171
翕 167
翖 167
翔 2、171
八畫
翥 212
翡 42
翢 209
翟 34、201
翠 29、43
翣 137
九畫
翦 68
翩 116
(翨) 22
翫 159
翬 61
十畫
翰 55
翮 57、92
翱 2
翯 57
十一畫
翲 116
翳 187
翼 187
十二畫
翹 125
翻 41
十三畫
翽 62
翾 177
十四畫
翿 152
(翿) 33
耀 184
老部
考 83
老 90
四畫
者 204
耆 121、207
(耆) 143
耄 99
六畫
耋 36
而部
而 39
(而) 106
三畫
耐 105
(耐) 106
耎 134
耏 105
耑 37
耒部
耒 91
三畫
(耔) 216
四畫
耕 50
(耘) 196
耗 56
五畫
(耜) 146
耞 67
七畫
耡 212
八畫
耤 65
九畫
耦 110
十畫
耨 109
耩 196
十一畫
耬 95
十五畫
(耰) 191
耳部
耳 39
一畫
耴 204
二畫
耶 184
四畫
耾 58
耻 21
耼 32
耿 50
耽 31
五畫
(聃) 32
聆 94
聊 93
六畫
聑 155
聒 54
七畫
聖 141
聘 117
八畫
聚 78
聞 163
十一畫
聲 141
聰 27
聯 92
聳 147
十二畫
聶 108
聵 87
職 206
十四畫
聹 108
十六畫
聽 155
聾 95
聿部
聿 194
七畫
肆 147
(肆) 188
肄 188
肅 148
八畫
肇 203
肈 203
肉(月)部
肉 134
一畫
肊 187
二畫
肌 64
肍 129
肋 90、91
(肎) 84
三畫
肖 172
肙 194
肝 48
肛 49
肘 210
肓 60
四畫
肯 84
肴 183
肺 43、113
肢 206
(肧) 113
肤 132
肬 191
肱 50
肫 26、214
(肫) 157
肜 101
肭 105
(肭) 109

（肵） 121
肸 167
肣 127
胏 216
股 51
（肮） 56
肪 42
（肬） 151
肥 42
育 194
（肓） 178
肩 68
五畫
胡 59
背 6
胃 162
冑 210
胠 129
胚 113
胈 4
胂 140
胑 206
胅 36
胙 219
胣 22
胉 118
胗 204
胝 116、206
朐 129
胞 5
胘 169
胖 111、112
（脉） 98
胎 150
（脈） 83
胤 189
胥 176
六畫
脩 175
脑 39
胯 86
胦 99
胵 21
胭 181
脑 109
脡 155
脂 58
脈 98
朓 154、155
脆 29
脂 181、206
胸 175
胳 49
（脃） 29
胲 48
胼 116
（脅） 173
脊 65、66
脋 205
脅 173
能 105、106
（能） 105
胾 216
胔 216
七畫
脣 26
脚 71
脖 12
脯 46
脰 37
脤 140
豚 157
脛 76
脭 20
脢 99
脞 30
脟 94
脬 112
脕 160
脫 157
脘 160
腮 135
脧 79
（朘） 218
八畫
腎 140
脹 202
腊 167
腫 206
腌 181
腓 42
腆 154
䐃 80
腄 26
腴 192
脽 145
脾 114
脸 132
（腋） 184
腑 46
（腕） 160
腱 69
腒 77
脊 121、128
（腃） 66
腐 46
九畫
腠 28
腜 99
腜 204
（腰） 183
腹 134
腸 17
腢 110
腥 174
腲 162
腫 209
腹 46
膇 214
腯 156
腧 144
（腧） 192
（脚） 71
腬 133
腞 213
腦 106
十畫
膝 148
膜 103
膞 19
膊 118
膈 49
膍 114
膎 172
膌 65
膀 112
膉 187
膗 63
膏 49
膂 97
膋 93
十一畫
膞 212
（膞） 26
膘 10、116
膢 95
膕 54
膟 97
膠 203
膠 70
膷 170
十二畫
膩 106
膹 43
膧 89
膭 62
膴 59、164
膸 29
膲 70
膰 41
膱 206
膳 138
十三畫
臄 80
膿 108
臊 136
臅 24
臉 69、93
膾 86
膽 32
（膻） 137
（臆） 187
臃 191
膺 190
臀 157
臂 9
十四畫
臑 134
臕 178
臍 121
臏 11
十五畫
（臕） 10
臘 89
臢 37
臛 6

十六畫
(臛) 63
臚 95
十七畫
羸 96
十八畫
臞 129
十九畫
臠 106
臡 96

臣部

臣 19
臣 185
二畫
臥 163
臤 74、122
八畫
臧 198、199
十一畫
臨 94

自部

自 217
四畫
臬 107
臭 23、175
六畫
臮 67
(臯) 49
十畫
臲 108

至部

至 208
六畫
臷 155
八畫
臺 150、151
十畫
臻 204

臼(𦥑)部

臼 77
二畫
臾 192
臽 170
三畫
臿 15
舁 192
四畫
舀 184
五畫
舂 22
六畫
舃 167、168
(舄) 131
七畫
與 192、193
舅 77
十畫
舉 77
興 174、175
十一畫
舊 76
十三畫
舋 174

舌部

舌 139
二畫
舍 139
三畫
(舓) 143
四畫
舐 143
五畫
舑 150
六畫
舒 144

舛部

舛 25
六畫
舜 146
七畫
(舝) 168
八畫
舞 164

舟部

舟 209
三畫
舡 170
四畫
般 5、111
(般) 112
航 56
舫 42
五畫
舸 50
舳 211
舲 94
船 25
六畫
艇 155
八畫
艒 33
九畫
艒 104
艘 73
艖 15
十畫
艗 187
十一畫
艢 148
十三畫
艨 100
艤 186
十四畫
艦 69
十六畫
艫 95、211

艮部

艮 50
一畫
良 93
十一畫
艱 68

色部

色 137
五畫
艴 12、45
六畫
艳 117
十八畫
(艷) 182

艸(艹)部

艸 14
一畫
艹 52
二畫
艼 155
艾 1、188
艽 70、129
艻 90
艿 133
三畫
芋 59、193
芏 156
芐 169
芅 187
芊 123
芃 114
芄 159
芍 139
芨 64
芒 99
芝 206
芑 121
芓 216
(芔) 62
四畫
芔 117
芙 45
芫 181、195
芸 196
芾 43、45
芆 66
芣 45、115
苣 78
芽 180
芚 26、157
芘 115
芷 207
芮 135
芼 99
芺 3
芿 133
芹 127
芥 73
芩 127
芬 43
芪 121
芴 59、165
芡 123
芟 137
芰 163
芫 56
芳 42
芤 85
芭 4
(芭) 111
苁 186
苧 212
芻 24
五畫
苷 48
苦 86

苯 7
茦 211
苛 84
若 135
茂 99
茇 4
苹 113、117
苫 137、138
苜 104
苴 15、77
苗 101
英 190
苢 45、186
苒 132
(苘) 128
苵 142
茌 21
苻 45
(苽) 51
苶 107
苓 94
苟 51
茆 99
(茆) 99
苑 195
苞 5、112
苙 92
范 41
苧 212
苾 9
茀 11、45
茁 215
苕 154
茄 67、125
(苔) 150
茅 99

六畫

荆 75
茙 133
茸 133
荳 60
(茜) 123
茬 15
荐 69
荋 39
茢 93
茰 153、186
荎 21
茈 27、216
草 14
茴 129
莒 77
茵 188
茱 211
莛 155
苦 51
(茠) 56
茯 45
茷 41
(茷) 113
荏 132
荇 175
荃 130
茶 15
(荅) 31
荀 179
茖 49
茗 103
茭 70
茨 27
荒 60
荄 48
茺 22
(荓) 117
茳 69
茫 99
(荢) 216
莜 124
茹 134
荔 92
茲 128、215
茻 99

七畫

華 59、60
荴 45
茞 16
(茝) 207
莕 175
莁 164
莍 129
莆 46、119
莤 148
莢 68
莽 99
莖 75
莦 138
莫 103
(莫) 104
莧 170
莔 100
莪 39
莠 192
莓 99
荷 57
荼 156
(荼) 15
莃 166
莝 30
莩 45、116
(荽) 148
荻 34
莘 140
苐 153
莎 137、149
莌 19
莞 52、159
莨 89、90
莙 80
莣 66
莊 213
莐 132
莈 148

八畫

菶 7
菁 75
萇 17
著 203、212、215
(著) 212
(菱) 94
萁 120
菆 217
菻 94
菥 166
(菥) 146
萊 89
莿 27
菴 2
萋 120
菿 33
菲 42
菽 144
菋 162
菓 49
菎 88
菖 17
萌 100
菌 80
萵 49
萎 162
萑 60、214
菂 34
菜 14
菱 116
菍 43
萉 43
菔 45
菟 156、164
萄 119、152
萏 32、56
菊 77
萃 29
菩 6
菨 73
菸 192
菤 79
菼 151
萍 117
菹 78、217
菬 203
菭 150
菅 68
菀 159
萸 92
菉 96
䓪 169
菰 51
菡 56
菑 216

九畫

葑 43、44
葚 133、140
葉 184
葍 45
葽 183
萰 93

蒧 204
葳 161
(葢) 48
葬 199
葝 75、127
(蔽) 86
葥 171
葪 199
葛 151
葺 122
葿 99
萬 160
葛 49、50
(葸) 167
(菌) 142
萩 128
董 36
(蓚) 154
葆 6
葂 135
葂 147
(蕧) 140
葩 111
萬 77、193
葰 81、148、
149
葎 97
(葅) 217
葼 217
葐 113
葡 119
葥 46
葱 27
葶 155
蒂 34
葹 141
葥 69
落 90、96
葕 117
(萱) 177
葵 156
葷 62、178
(葷) 178
萹 10、116
蒆 67
葭 67、168
葦 162
葆 24
蓌 68
葵 87
葯 196
葉 118
十畫
蓁 204
蔽 2
蒜 148
蓍 141
蓋 48、50
蓮 92
蓴 118
蓐 134
蒝 195
蓫 24、211
蓻 208
蒔 142
蓽 9
蔶 121
蒩 217
蒨 123
蓧 35
蓨 154
蔓 63、195
蒠 166
蓏 96
蔱 137
蒞 183
蒵 167
蒼 14
蓊 163
蓬 114
蓑 149
蒿 56
蓆 167
蒺 65
蓎 151
蔀 13
蒟 78
蒡 112
蓄 177
蒹 68
蒳 151
蒲 119
(蒱) 119
蒞 92
蒤 156
(蔓) 140
蓉 133
蒙 100
蓂 103
蒻 135
蓀 149
蔭 189
(蔭) 190
蒸 205
蒓 26
蒳 105
十一畫
蔧 62
蔫 107
蓷 157
蓺 188
蔪 68、137
蓴 156
(蓴) 26
蔌 148
蔖 110
蔈 10
(蔶) 128
蔞 95
蔓 98、160
蔂 187
蔂 90
蓶 161
蔑 102
蔏 84
蔦 107
蔥 27
蓰 167
蔡 14、136
蔎 139
蔗 204
蔁 202
蔏 138
蔟 28
蔽 9
蔆 94
蔯 129
蔤 101
蔚 162、194
蔣 69
蓼 93、96
(蔘) 140
蔀 170
蔠 209
十二畫
蕘 132、183
蕢 43、86
(蕢) 43
蕲 146
蕙 62
蕈 151、179
蕆 17
蕨 80
蕤 161
(蕤) 135
蕞 80、219
蕑 68
蕡 87
蕪 164
蕤 91
(蕤) 65
(蕛) 153
蕎 125
蕮 168
蕉 70
蕇 194
蕧 47
蕃 41
蔿 161
蕣 146
蕕 191
蕫 36
蕁 219
蕩 37
蕩 31、32
蕅 110
十一畫
蕰 163、197
蕍 192
(蕊) 135
蕁 123、151
蔬 144
蕠 134
(蕝) 80

十三畫

蕼 147
薳 161
薔 137
薑 69
薽 204
薙 174
薉 62
藘 78
蕗 96
(薯) 144
薨 58
(薎) 102
蕹 153、208
藇 177、193
薛 178
薇 160
薟 93
薈 62
薆 1
薍 160
薝 201
薊 67
薢 173
蕘 56
薕 93
薦 69
薋 27
薪 174
薏 187
薠 41
薄 5、12
蕭 171
薜 9、13
薅 56

十四畫

藉 65、73
薵 23
藍 89
藒 32
藏 14、198、199
薱 38
藈 87
蔑 102
薰 178
薶 98
藐 102
藑 128
薿 106
藃 56
薺 66
藻 199
(藚) 117
薴 108
藎 74
藺 96
藋 36

十五畫

(藕) 110
(藝) 188
藸 24、211
藪 147
藟 91
藜 65、91
藥 184
⿱艹衛 162
藰 95
藷 144、211
藨 10、112
藙 188
藩 41
藭 128
藴 197

十六畫

蘀 158
蘁 165
⿱艹橑 90
藾 89
藿 63
蘋 117
蘧 78、129
蘆 95、96
藺 94
蘄 121
蘉 99
蘈 157
⿱薛女 107
蘅 58
(⿱艹䫉) 102
蘇 147
藹 1
蘢 95
藻 199
蘂 135

十七畫

蘦 94
蘡 190
蘭 89
蘩 41
⿱艹巂 161
蘥 196
蘞 93
蘘 132
蘪 100
(蘗) 13
蘠 124

十八畫

蘵 206
蘴 44
蘬 87
蘺 91

十九畫

蘻 67
蘸 202
⿱艹麗 92
蘽 91
蘿 96
(⿱艹⿰禾雚) 36
蘼 100
蘱 91

二十畫

(⿱艹䫉) 188
(⿱艹糴) 36

二十一畫

(⿱艹⿰意鳥) 187
(⿱艹夔) 90

二十四畫

⿱艹釀 107

二十六畫

虋 100

虍部

虍 59

二畫

虎 59

三畫

虐 109

四畫

虔 123
虒 146、207
虓 171

五畫

虛 176
虖 59
處 24

七畫

豦 78、129
虡 78
虞 192
虜 95
號 56
(號) 56

九畫

膚 44
虢 54

十畫

虤 6
虥 201
虩 181

十一畫

虨 11
虧 87

十二畫

虩 168

十四畫

虪 189

虫部

虫 61

一畫

(虬) 129

二畫

虰 36
虯 129
虭 35
(虱) 141

三畫

虺 61
(虺) 61
虷 55
虹 58、70
虴 203
虻 100
(虵) 139
(⿱亡虫) 100
蚤 199、203

四畫

蚌 5
蚈 122
蚨 45
蚢 195

蚞 104
蚑 121
蚷 78
蚍 115
蚦 132
蚋 135
蚚 121
蚧 73
蚡 43
(蚣) 147
蚔 121
(蚊) 163
蚢 56
⿰虫尹 185
蚎 109
蚇 22
蚗 80
蚓 189
蚉 163
蚩 20
五畫
蛰 200
蛄 51、62
蛂 11
蛅 201
蛆 77
(蛆) 130
蚰 191、211
蛈 155
蚯 128
蚹 46
(蚸) 22
蛉 94
蚳 21
蚼 51、129
蚿 169
蛇 139、161、186
蚭 106
蛁 35
蚴 192
六畫
蛓 27
蛩 128
⿱夆虫 50
⿱此虫 216
蛙 159
蛣 72
⿰虫芒 99
蛕 61
蛚 93
蛭 36、208
䖵 88
(蛔) 61
(蛧) 160
(蛛) 206、210
蜓 155
蛞 88
蜒 181、191
(蜒) 99
蛜 185
蛤 49
蛫 53
蛒 49
蛟 70
蛘 183
蛢 117
蛡 187
蛑 104
(⿱㑒虫) 49
七畫
蜃 140
(蜹) 135
(蜄) 140
蛱 68
⿰虫虎 99
⿰虫坐 8
蛸 138
蜆 169、170
蜎 79、194
蛾 39
(蛾) 186
蜉 45、115
蜂 43
蛲 124
蜕 157
蜋 90、93、152
蝍 65
蛹 191
蜀 144
⿱攸虫 154
八畫
蜇 146
(⿱或虫) 194
蜚 42
蜯 5
蜻 75、127
蜡 130、200
蜥 166
蜙 147
蝀 35、36
蜮 53、194
蜽 93
蜾 54
蝄 160
(蝄) 160
蜗 163
(蜘) 206
蜲 162
蜺 106
蜼 162
蜱 114
(蜦) 96
蜩 35、154
蜪 152
蜭 55
蜷 130
⿰虫炎 151
蜿 159
(螂) 152
蜧 96
⿰虫屈 129
(蜢) 100
蜬 55
蝃 215
(蝃) 35
蝕 142
蜜 101
九畫
蝶 36
蝘 182
蝠 45
蝡 134
蝭 153
蝹 196
蝎 57
蝟 162
⿰虫咠 60
蝮 46
螋 147
⿰虫耑 195
蝗 60
螝 53
蝺 130、193
⿰虫侯 58
蝓 192
蝯 195
⿰虫怱 27
蝣 191
蝤 128、191
蝙 10
(蝦) 168
蝑 176
蝚 133
(蝚) 105
蝝 195
⿰虫幽 191
(⿴行虫) 191
蝱 99、100
[illegible] 141
蝨 141
蝥 5
(蝥) 99
十畫
螯 2
螜 59
螒 55
(⿱兪虫) 37
融 133
⿱耳䖵 129
螓 127
蟒 99、100
蟆 98
螈 195
螘 186
螕 8
螔 185
螇 120、166
螉 163
蝙 138
⿰虫䍃 183
螭 20
螗 151
螊 93
螟 103
螌 5

螣 152
螢 190
蟨 19
十一畫
螌 143
蟄 203
蟦 64
蟡 180
蟥 61
螹 69
（螹） 17
螬 14、121
螵 116
螮 35
蜹 97
螳 152
螻 95
蟃 160
（蟃） 99
（螺） 96
（蟈） 53
蟌 217
蟋 167
蟓 171
蟅 204
螰 96
蟀 145、167
螾 189
蟉 95
螽 209
（䗪） 204
蟞 11
蟚 162
螿 69
蟊 99
蠁 171
十二畫
蠆 16
蟼 75
蟨 80
蟯 105、132
蟦 42
蟪 62
蟫 189
蠂 118
蟲 23、155
蟬 16
蟜 71
（蟘） 152
蟭 70
蟠 41、111
蟡 53
蟗 28
蟙 206
（蟮） 138
蟧 90
蟤 213
蟜 195
蟣 66
十三畫
蠚 129
蠖 63
蠓 100、102
蟷 32
蠅 190
蠉 177
蠋 144、211
蟾 16、17
蠏 173
蟺 138
（蠊） 93
蟻 186
（蟹） 173
蠃 96
十四畫
（蟁） 68
蠛 102
蠕 134
蠐 121、128
蠑 133
蠙 117
蠵 162
十五畫
蠢 26
蠠 102
蠌 103
蠟 89
蠡 91、96
十六畫
（蠹） 37
蠨 171
（蠭） 43
蠪 95
蠜 107
十七畫
蠸 130
蠳 190
蠱 51
蠰 105、132
蠯 190
蠲 79
（蟊） 162
十八畫
蠹 37
蠶 14
蠷 129
蠵 166
十九畫
蠻 98
二十畫
蠼 80、129
二十一畫
蠾 211

血部

血 173、178
三畫
衁 60
四畫
衃 113
衄 109
五畫
（衅） 174
六畫
衈 40
（衆） 209
䘑 84
衇 98
七畫
䘒 218
八畫
衉 83
十四畫
衊 102
十八畫
衋 168

行部

行 56、174
三畫
衎 83
衍 181
五畫
術 145
衒 178
六畫
街 72
（衖） 171
衕 155
七畫
衙 180
九畫
衝 22
衛 162
十畫
衡 58
十一畫
衞 145
十二畫
（衝） 22
十八畫
衢 129

衣（衤）部

衣 185
二畫
初 93
表 10
三畫
衫 137
衱 73
衪 185
四畫
衭 44
衵 133
衻 132
衶 209
衽 133
（衿） 74
衯 43
衹 206
袀 80
袂 100
袁 195
衾 127
（袞） 172
衰 29、145
（衺） 149
衷 209
衮 53
五畫
袜 103
袪 129

袣 187
袚 45
(袒) 151
袖 176
(袡) 132
(袘) 185
袗 204
衹 33
袧 51
袍 112
袨 178
袢 41
袑 139
被 6、114
袠 208
衮 99

六畫

袿 52
袺 72
(袴) 86
裀 188
袾 210
袷 68、169
(袷) 73
袼 49
䘯 71
䘪 22
袈 134
裁 14
裂 93
裒 118
袲 22

七畫

裓 72
補 13
裋 144
裖 205
裎 20
裕 194
裞 145
(裙) 131
裚 67
裘 128
裊 107
裏 91
裛 188
裔 187
裝 213

八畫

裱 10
褚 212
裲 93
裺 182
裶 42
裸 96
裼 153、166
䙊 106
裨 8、114
裣 74
裯 23、33
裧 16
綻 202
裾 77
䙕 80
裴 113
裻 37
裳 17
製 208
裹 54
(𧚊) 176
褎 176、192

九畫

褋 36
褗 182
䙅 183
䙀 188
𧛾 38
褆 153
褞 197
褐 57
複 46
褓 124
(𧙗) 6
褕 192
(褕) 156
褑 195
褌 88
褊 10
褘 61
褖 157
(褒) 5

十畫

褠 51
褥 134
褫 21
褵 91
褣 133
䙐 101
褧 76
褭 107
裦 5
(褰) 122

十一畫

襀 64
䙔 110
褸 89、95、96
襐 171
(襒) 11
褶 167
(襂) 137
褻 173
襄 170
𧝵 11
褽 162

十二畫

襓 132
襋 64
(襆) 45
䙞 207
襍 198
襎 153
襚 149
襁 124
襈 213
襏 12

十三畫

(襟) 74
襛 108
襗 199
襡 37、144
襘 53
襜 16、31
襢 151、202
襞 9

十四畫

(襪) 159
襤 89
襦 134

十五畫

襫 142
襭 173
襮 12
襬 6

十六畫

襱 95
襲 167

十七畫

襳 169

十九畫

襹 141

二十一畫

𧟄 144

襾(覀)部

西 166

三畫

要 183、184

四畫

覂 44

六畫

覃 151

十二畫

覆 46

十三畫

覇 4
覈 57

十九畫

覊 64

見部

見 69、170

四畫

規 52
(覔) 101
視 143

五畫

覘 16
覙 117
覗 146

六畫

覛 101
覜 155

七畫

覡 167
覞 184

八畫

靚 76
(覩) 37
覤 168
覣 138

九畫

覛 67、192

親 126

十畫

覯 51

覬 67

覭 103

十一畫

覲 74

(覰) 116

(覷) 130

十三畫

覻 130

覺 71、79

十四畫

覽 89

十五畫

覿 34

十七畫

觀 52

十九畫

觀 92

角部

角 71、80

二畫

觓 129

觔 74

四畫

觝 78

觕 24

觖 80

五畫

觛 32

觚 51

(觗) 34

六畫

觜 216、218

觥 50

解 73、173

觠 130

七畫

(觫) 129

觫 59、148

八畫

觭 64、120

觬 106

九畫

觱 9

觶 136

觿 37

十畫

觳 59、80、131

十一畫

(觵) 50

觴 138

觼 95

十二畫

觶 208

觹 71

十三畫

觸 24

十四畫

觺 185

十五畫

觿 166

觻 92

十六畫

觽 182

言部

言 181

二畫

訄 129

訇 58

訂 36

計 67

訃 47

訆 71

訒 133

三畫

訏 176

訐 72

訌 58

討 152

訕 138

訖 122

託 157

訓 179

訊 179

記 66

訑 157、185

訒 132

四畫

訔 183

訦 191

詎 78

訝 180

訬 18、101

訥 106

許 176

訞 183

訛 39

訢 174

訩 175

訟 147

設 139

訪 42

訧 19

訣 80

五畫

詈 92

証 206

詓 130

詌 48

詍 187

詁 51

訶 57

評 117

詛 218

詘 210

詗 175

詄 36

詐 200

(訑) 185

訴 148

診 204

詆 34

(詢) 51

詠 191

詞 27

詘 129

詔 203

詖 8

詒 185

六畫

訾 216

詹 201

詧 15

誆 86

詸 91

試 142

詿 52

詩 141

詰 65、72

誇 86

詼 61

誠 20

訿 216

誅 210

誂 140、169

話 60

誕 32

詬 51、126

詮 130

誂 154

詭 53

詢 179

詣 187

詾 175

誃 186

詨 172

該 48

詳 171

詶 23

詫 15

詡 176

七畫

誓 143

誡 73

誌 207

誣 164

誖 7

語 193

誺 68

誙 84

誚 125

誤 164

誥 49

誘 192

誨 61

誑 86

說 145、146、196

認 66

誦 147

誒 39

(誒) 166

八畫

誾 189

(誻) 122

豝 4
象 171
豙 188
六畫
豢 60
七畫
豩 11
豨 166
豪 56
八畫
豬 211
豫 193
九畫
豱 163
豭 67
十畫
豰 59
豯 166
十一畫
豵 217
十二畫
豶 43
豷 188

豸部

豸 207
三畫
豻 2、194
豺 16
豹 6
五畫
貁 192
貂 35
六畫
貆 60
貊 103
貅 175
貈 57
貉 57
(貉) 103
貇 84
七畫
貍 91
(貍) 98
貌 99
八畫
貓 99
九畫
(⿰豸契) 180
貒 156
貑 67
十畫
貘 103
貔 114
十一畫
貙 23
十七畫
(貛) 60
二十畫
(貜) 80

貝部

貝 7
二畫
貞 204
負 46
三畫
貢 50
貣 152
貟 149
財 14
貤 185、187
四畫
責 199、201
販 41
貶 10
貨 63
貪 150
貧 117
貫 52
五畫
貳 40
賁 7、8
貰 143
貺 86
貯 212
貽 185
貴 53
買 98
貸 31
貿 99
費 10、43
賀 57
六畫
賈 51、68
貲 216
賊 200
賄 61
賂 96
賅 48
賃 94
資 216
七畫
賕 129
賑 205
賏 190
賒 139
(賖) 139
八畫
賣 98
(賣) 194
賚 89
(賫) 64
賢 169
賞 138
賦 46
賭 37
賤 69
賜 27
賙 209
質 208
賡 50
賓 28
九畫
賴 89
賵 44
賮 74
十畫
贅 214
賷 64
購 51
賻 46
賸 141
賽 136
十一畫
贄 208
賾 199
十二畫
贈 200
贊 198
十三畫
贍 138
贏 190
十四畫
贓 198
贔 9
(贐) 74
十五畫
贖 144
十六畫
贙 178
十七畫
贛 48

赤部

赤 22
四畫
赧 105
五畫
(赮) 105
六畫
赨 155
赩 168
七畫
赫 57
(赪) 20
八畫
赭 204
九畫
赬 20
赮 168

走部

走 217
二畫
赴 47
赳 76
三畫
赶 48
起 121
五畫
越 196
趄 77
(趄) 216
趆 125
趁 19
超 18
六畫
(趌) 87
趒 154
趍 21
(趑) 216
七畫
趙 36、203
(趕) 48
趖 149

八畫
趣 28、129、130
趠 26
趡 29
趢 96
十畫
(趩) 9
趨 28、129
十一畫
⿺走參 14
十二畫
趬 124
趫 125
趭 71
十三畫
趮 199
⿺走亶 201
十四畫
(趯) 196
十八畫
⿺走瞿 129

足部

足 217
三畫
趿 136
四畫
趼 68
趺 44
跂 121
距 78
趾 207
趻 19
跀 196
⿰⻊斗 36
(⿰⻊尤) 19
趹 80
五畫
(⿱尚足) 20
跇 187
跊 25
跖 206
跋 4
跕 155
跙 78
跌 36
跗 44
跅 158
跈 154
跔 77
跓 212
跎 29、157
跜 106
跛 13
跆 150
六畫
⿱癶足 128
跬 87
(跱) 207
跨 86
跠 186
跮 36
跐 27
跦 210
跣 169
跧 130
跲 68
(跳) 154
跪 53
路 96
(跡) 64
跰 7
跟 50
七畫
跿 156
踂 108
踃 171
踉 93
跼 77
⿰⻊忽 66
踊 191
踆 29、131、219
八畫
踖 28、65、126
踦 120、186
踐 69
(⿰⻊非) 43
踧 28、34
踔 19、26、214
踝 60
踢 153
踏 150
⿰⻊卸 21
踒 160、163
(踘) 77
踤 218
踣 12
踥 126
踡 130
踠 159
踞 78
九畫
踳 25
(踸) 19
蹀 36
踾 45
⿰⻊奎 87
踶 34、207
踼 32
踹 37
踵 209
踽 77、87
踰 192
⿰⻊叟 38
(蹄) 153
蹉 29
蹁 116
(踴) 191
蹂 133
(蹂) 133
十畫
蹎 35
蹥 92
蹕 9
蹋 150
蹏 153
蹊 166
蹌 124
蹐 65
蹍 107、201
蹇 68
十一畫
蹔 198
蹙 28
蹟 64
躇 23、24
⿰⻊戚 28
蹛 208
(蹞) 87
(蹚) 151
(蹝) 167
蹤 217
蹠 206
蹢 34、206、207
蹜 148
蹡 124
蹩 11
(⿱將足) 124
十二畫
(蹷) 80
蹰 21、24
蹶 80
蹼 119
蹪 157
蹻 71、124
蹹 150
蹯 41
蹴 28
蹲 29、38
蹬 33
蹳 12
蹵 28
十三畫
躆 78
躁 199
躅 207、211、215
躈 125
躃 9
躄 9
十四畫
躊 23
躋 64
(躑) 207
躍 184、196
十五畫
躒 92、96
躓 208
躔 16
躐 94
躛 162
十七畫
躚 169
躞 174
躟 132
十八畫
躡 108
躝 150

十九畫

躪 94、134
躧 92、167

二十畫

躩 80

二十一畫

躨 87

身部

身 140

三畫

躬 50

四畫

躭 31

五畫

(躲) 139

六畫

(躳) 50

八畫

躶 96

十一畫

軀 129

車部

車 19、77

一畫

軋 180

二畫

軌 53
軎 64
軍 80

三畫

軒 177
軑 31
軏 165、196
軎 62
軕 26、179
軓 41
軔 132

四畫

軖 86
軛 39
軘 157
軜 105
軞 99
軝 41
軧 121
(軟) 134

五畫

軻 84
(軻) 83
軷 4
軯 113
軸 210
軮 183
軹 207
軦 86
軼 188
軵 46、133
軱 51
軫 204
軨 94
軥 129
軺 183
軬 41

六畫

載 198
輂 77
軾 142
輁 50
輀 39
輕 208
輈 209
輇 130
(輇) 25
輅 96
輆 121
較 71
輆 82
輧 117
(輧) 113

七畫

輒 204
輔 46
輕 127
輓 160
輑 131

八畫

輩 107
輤 123
輢 186
(輚) 201
輥 53
輞 160
輗 106
輪 96
輣 114
輖 209
(輡) 83
輬 93
輟 26
輜 216
輩 6
(輝) 61

九畫

輳 28
輻 45
輭 134
輯 65
輼 163
輵 39、49
輲 25
輹 46
輴 26
輸 143
輷 58
輶 191
輮 133

十畫

轂 51
轃 204
轅 195
轄 168
輾 107、201
輿 192

十一畫

轉 162
轉 201、213
轇 70
轑 18

十二畫

轒 43
轑 90
轐 13
轎 71
轓 41
轒 22
轍 203
轔 94
轏 201

十三畫

轖 137
轘 60
轙 186
轚 193

十四畫

轟 58
轞 69
轗 189

十五畫

轠 90
轢 92
轡 113

十六畫

轣 92
轤 95

十九畫

轥 94

二十畫

轙 108

辛部

辛 174

五畫

辜 51

六畫

(辠) 218
辟 9、115

七畫

辣 10

八畫

辤 27

九畫

辨 5、10
(辧) 5
辥 107
(辥) 178

十一畫

(辦) 5

十二畫

(辭) 27

十四畫

辯 10

辰部

辰 19

三畫

辱 134

六畫

農 108

辵(辶)部

辵 26

三畫
迂 192
迄 122
迅 179
池 91、185、186
(池) 161
四畫
迋 160
迓 180
(迍) 214
迕 164
近 74
返 41
迎 190
迒 56
五畫
迣 208
述 145
迪 34
迥 76
迭 36
迮 199
(迤) 91、161、185、186
迫 118
迢 154
迨 31
六畫
(迯) 216
迺 105
迾 93
迵 36
迴 61
适 88
追 214
逅 58、173
逃 152
(逄) 112
逘 185
迹 64
迸 7
送 147
迷 101
逆 107
退 157
七畫
逝 143
逑 129
連 92、93
逋 13
速 148
(逜) 164
逗 37
逐 211
逕 75
逌 191
逍 171
逞 20
造 199
透 156
途 156
(逿) 88
逖 153
逢 44、112
(逄) 114
通 155
逡 131
(逡) 131
八畫
逵 87
逴 26
(逷) 153
過 53、54
逶 162
(逶) 161
進 74
逸 188
逭 60
逮 31、34
逯 96
逫 211
九畫
達 31
逼 7
逿 32
遇 193
遏 39
遌 39
遄 25
遑 60
遁 38
(遁) 131
逾 192
遊 191
遒 128
道 33
遂 149
運 197
遍 10
遐 168
違 161
十畫
遘 51
遠 195
遣 123
遝 150
遞 34
遙 171、183
遡 148
(遜) 179
十一畫
遭 199
遬 148
遯 38
遮 203
適 143
遳 145
十二畫
邁 98
遷 122
遼 93
遺 162、186
(遻) 39
遂 170
遴 94
遵 219
遲 21
選 148、177
遹 194
十三畫
遽 78
還 60
邀 183
邂 173
邅 201、214
避 9
十四畫
邇 40
邈 102
邃 149
十五畫
邊 10
邋 94
十九畫
邐 91

邑(阝)部

邑 188
三畫
邗 55
邘 192
邛 128
邙 137
邝 99
邛 121
邕 191
四畫
邦 5
邢 175
邦 44
祁 195
邚 121
邪 103、172、184
邮 29
邠 11
邡 42
邩 140
那 39、105
五畫
邯 55
邴 11
邳 114
邶 6
邱 128
邸 34
邲 9
邵 139
邰 150
六畫
郞 86
邽 52
郈 141
郁 194
郕 20
郅 208
郃 97
郝 210

酉部

十六畫
醶 182
十七畫
醻 71
釀 107、197
十九畫
釃 91、137、141
(醼) 182
釁 174
釆部
釆 10
采 14
十三畫
釋 143
里部
里 91
二畫
重 23、209
四畫
野 184
五畫
量 93
十一畫
釐 91
金部
金 74
二畫
釘 36
(針) 204
釗 202
釜 46
三畫
釬 55
釭 49
鈔 125
釦 85
釳 168
釣 36
鈒 137
釵 16
四畫
鈃 175
鈇 44
鉅 78
(釾) 103
鈍 38
鈔 18
釿 74、189
鈑 5
鈐 123
(鈆) 181
鈞 80
鈁 42
鈕 108
鈀 4、111
五畫
鉦 205
鉗 123
鉥 145
鉔 198
鉟 114
鉞 196
鉆 123
鉏 15、24
鉠 182
鈴 94
鉛 122
鉤 51
鉉 178
鉊 202
鈹 114
鉿 146
六畫
銜 169
銀 114
銂 175
銗 184
(銗) 103
銍 208
銅 155
銖 211
銑 167、169
鋌 36、155
銛 154、169
鋋 16
鉺 132
銓 130
銚 154、183
鉻 96
銘 103
鉸 71
鉼 11
銀 189
七畫
鋬 154
銶 129
鋪 118
鋏 68
銷 171
(鋤) 24
鋂 99
銼 30
鋊 194
鋝 97
鋒 43
鋭 38
(鋭) 135
銻 153
鋃 90
鋟 127
鋈 165
八畫
錏 180
錤 64
(錤) 216
錯 30
錡 120、186
錢 68、123
錕 88
錫 166
錮 51
錔 150
鍋 53
錘 26
錐 214
錦 74
錍 6
錚 205
錖 108
錞 26、38
錈 79
錟 151、169
錠 36
錧 52
鍵 69
録 96
鋸 78
錣 214
錙 216
九畫
鍥 126
鍖 82
鍱 184
鍊 93
鍼 204
鍞 127
鍇 82
鍉 34
鍚 183
鍔 39
鍤 15
鍾 209
鍛 37
鎚 26
鍰 60
鍦 141
鎡 12、216
鍪 104
十畫
(鐸) 126
鏵 59
(鏌) 103
鎮 204
鏈 92
鎛 12
鎒 109
鎖 149
鎧 82
(鎸) 79
鎩 137
鎗 124
鎦 95
鎬 56
鎕 151
鎰 187
鎌 93
(鎋) 168
鎔 133
鎣 190
十一畫
鏨 198
鏏 162
鏆 61
鏩 69
鏂 110
鏗 85

鏢 10
鏚 120
鏜 151
鏤 95
鏝 99
鏓 27
鏦 27
(鏦) 25
鏞 191
鏡 75
鏑 34
鏃 217
鏇 177
鏘 124
(鐊) 183
鏐 95

十二畫

鐃 105
鐔 174
鐐 93
鐕 198
鐗 69
鐈 125、171
鐫 79
(鐓) 38
鐘 209
鐏 219
鐩 149
鐙 33
鏺 118
鐍 80
鐖 64、121

十三畫

鐮 2
鐵 155
鑊 63
鐻 78
(鐻) 129
鐺 32、90
鐶 60
鐸 38
鐲 215
(鐮) 93

十四畫

鑋 127
鑄 212
鑑 69
(鑒) 69
鑐 134
鑛 86

十五畫

鑼 4
鑢 97
鑠 146
鑕 208
鑣 10
(鑯) 89

十六畫

鑪 95

十七畫

鑰 184、196
鑱 17
鑲 170

十八畫

鑷 108
鑴 166

十九畫

鑽 218
鑾 96

二十畫

鑿 199、219
钁 80

二十一畫

钃 211

長(镸)部

長 17、202

二畫

镹 88

四畫

镺 3

五畫

镻 36

六畫

䠷 106

門部

門 100

二畫

閃 138

三畫

閈 55
閉 9、10

四畫

閏 135
開 82
閑 169
閎 58
(間) 68、69
閒 68、69、169
閔 102
閌 83
(閌) 83

五畫

閜 169
閘 200
閟 9、10
閞 10

六畫

閨 52
閧 58
閩 102
閭 96
閥 41
閤 49、57
閣 49
閡 1、57

七畫

閫 88
閱 196
閬 90
(閬) 83、93、160

八畫

闍 37
閾 194
閹 181
閶 17
(閶) 151
閿 163
闈 94
(閿) 163
闇 62
閻 181
閼 39、180
䦨 137

九畫

(闂) 58
闉 188
闌 89
闃 130
闇 2
闊 88、126
闈 161
闋 131
闟 192

十畫

闖 25
闔 4、57
闐 154
闟 150
闓 82
闑 107
闕 80、130、131
闕 208

十一畫

闚 87
(闛) 151
闞 55、83
關 52

十二畫

闧 150
闠 62
闡 17
闟 150、167
闒 161

十三畫

闤 60
(闢) 115
闥 181

阜(阝)部

阜 46

二畫

阞 90

三畫

阢 165
阡 123
阤 157、186、207
(阤) 118

四畫

阱 75
阮 134
阫 113
阨 39
阰 114
阯 207
阪 5
阬 83、84
防 42

五畫

阹 129

阿 1、39
阽 35、181
阻 218
阼 219
陁 207
(陁) 118
附 46
阺 34
陀 118
(陀) 157
陂 6、8、117

六畫

陋 95
陌 103
(陑) 39
陒 53
降 70、171
陊 38
陔 48
限 170

七畫

(陣) 205
(陜) 168
陝 138
陛 8
陘 175
陟 208
陗 125
陞 141
除 24
院 195
陖 81

八畫

陼 211
陸 96
陵 94
陬 217
陳 19、205
陭 185
陲 26
陴 114
陰 189、190
陶 152、183
陷 170
陪 113

九畫

陿 168
陻 188
隋 148
(隋) 157
陾 133
階 72
隄 33
陽 183
隅 192
隈 160
隉 107
隍 60
隗 162
隃 144、192
隆 95
隊 38、214

十畫

隔 49
隂 157
隙 168
隕 195、196
隑 121
隖 164
隘 1
隒 182

十一畫

(隝) 180
隫 129
際 67
障 202

十二畫

隤 43
隨 148
隮 61、157
隩 3、194
隧 149
隥 33

十三畫

險 170

十四畫

隰 167
隱 189
隮 64

十五畫

隳 61

十六畫

隴 95

隶部

隶 31

九畫

隸 92

隹部

隹 214

二畫

隼 149
(隽) 79
隻 206

三畫

雀 125、131

四畫

雂 206
雁 182
雄 175
雅 180
集 65
雋 79
雃 123
雇 51

五畫

雎 77
(雎) 216
雉 208
雊 51、129
雍 191

六畫

雌 27
雒 96

八畫

(雔) 131
雓 23
雕 35

九畫

(藿) 60
雖 148
臒 63

十畫

雙 145
雞 64
雛 24
(雜) 198
離 91、115
雝 191

十一畫

難 105

十六畫

雥 198

雨部

雨 193

三畫

雩 192
雪 178

四畫

雲 196
雰 43
雱 112

五畫

電 35
雷 90
零 93、94
雹 5
(雺) 164

六畫

需 176
霆 155

七畫

震 205
霄 171
(霓) 170
(霉) 100
霅 137、200
霂 98、104
(霈) 113
霃 19

八畫

霙 190
霖 94
霎 120
霏 42
霓 106
霍 63
(霍) 149
霑 201

九畫

霜 145
霝 94
霡 98
(霢) 98
霞 168

十畫

霣 196
霤 95
霩 88
霧 164

十一畫

霪 189

十二畫
霰 170
十三畫
霸 118
露 96
(霹) 114
霧 99
十四畫
霾 98
霽 66
十五畫
(靁) 90
十六畫
靂 92
(靂) 114
靈 94
靃 148

青部

青 127
八畫
靜 76

非部

非 42
七畫
靠 83
十一畫
靡 100、101

面部

面 101
七畫
靦 154
十二畫
靧 62
十四畫
靨 185

革部

革 49、64
二畫
靪 36
三畫
靬 68
靸 136
四畫
(靴) 178
靲 127
靷 2
靭 189
靶 4
五畫
(鞂) 210
鞅 182
鞄 112
鞋 5
鞉 157
鞃 58
鞀 152
鞁 6
六畫
鞏 50
(鞋) 172
鞇 188
鞦 45
鞈 49
(鞈) 151
鞉 152
鞈 96
(鞍) 2
鞎 57
鞌 2
七畫
鞘 178
鞔 98
(鞏) 154
八畫
鞜 150
鞞 11、114
鞠 77
(鞟) 88
鞛 7
鞬 68
九畫
鞥 133
鞮 33
鞭 10
鞫 77
鞧 128
鞣 133
鞪 104
十畫
韈 178
韃 172
鞹 88
鞶 111
十一畫
韁 95
韉 167
十二畫
韇 53
韈 64
十三畫
韄 59
(韁) 69
韣 144
十四畫
韅 169
十五畫
韇 37
二十畫
(韉) 89

韋部

韋 161
三畫
韌 132
五畫
韎 100
韍 45
韨 10
六畫
韏 130
八畫
韓 55
韔 18
九畫
韙 162
韘 139
韞 197
韗 197
十畫
韝 51
韠 162
韡 9
韜 152
十三畫
韣 37
十四畫
韤 159

韭部

韭 76

音部

音 189
五畫
韶 138
十畫
(韻) 197
十一畫
響 171

頁部

(頁) 184
二畫
頂 36
頃 127、128
頄 87
三畫
項 171
順 146
須 176
四畫
頊 213
頑 159
頍 87
頓 38
頎 132
頏 121
頒 5
頌 147
頔 56、173
煩 204
預 193
五畫
碩 146
(頔) 132
領 95
(頪) 111
頔 215
頗 117
六畫
頡 73、169、173
頲 155
頜 49、57
(頫) 46
(頟) 39
頦 55
頩 117
頪 91
頞 39
七畫
頤 185
頭 156
頮 68
頸 75
頻 117
(頹) 157

頜 55
頪 87
八畫
(䫏) 120
顆 84
頧 26
䪷 132
頛 29
(頛) 125
頲 36
九畫
顑 82
題 153
顒 133、191
顓 213
𨘢 216
顏 181
額 39
十畫
顛 35
願 195
顗 186
類 91
顡 136
十一畫
顠 116
顣 28
十二畫
顥 56
(䲂) 125
類 91
顧 51
十三畫
顤 62
顫 17、201
十四畫
顯 169
十五畫
顰 117
十六畫
顱 95
十七畫
顴 130
十八畫
顳 108

風部

風 44
(風) 44
五畫
颯 136
六畫
颲 93
颸 92
九畫
颺 183
十畫
颽 82
颻 183
十一畫
飄 116
飂 93、95
十二畫
飆 10
十三畫
飅 137

飛部

飛 42

食(飠)部

食 142、147
二畫
(飤) 146
飢 64
三畫
飦 201
飱 149
四畫
飩 157
飪 133
飫 193
飭 22
飯 41
飲 189
五畫
(䬴) 103
飾 142
飽 6
飶 9
飼 146
飴 185
六畫
餌 39
餂 154
(餉) 171
餅 11
養 183
餈 27
七畫
餔 13
餗 148
餓 39
餘 192
餒 106
餕 81
(餐) 14
八畫
餦 202
餴 43
餞 69
餛 88
餧 162
(餧) 106
(餚) 183
(䬲) 184
餤 32、151
館 52
餟 214
九畫
餬 59
餳 152、174
餲 1
(餵) 162
餭 61、202
餽 87
餱 58
餫 197
餮 152、155
飻 201
十畫
饁 185
餼 168
餾 95
(餹) 152
十一畫
(觴) 138
餯 138
饉 74
饇 193
饕 69
饗 171
十二畫
饒 132
(饋) 43
饎 22
饐 184、188
饊 136
饋 87
饌 213
饑 64
十三畫
饛 100
饘 201
饔 152
饕 191
(饜) 182
十七畫
饟 171
十九畫
饡 198

首部

首 143
二畫
馗 87
八畫
馘 54、177

香部

香 170
九畫
馥 47
十一畫
馨 174

馬部

馬 98
二畫
(馭) 193
馮 44、117
三畫
馯 55
馵 212
馴 179
馺 136
馳 21
四畫
駏 78
馹 133
馽 207
駉 73
駁 12
駃 80
𩢲 6
五畫
駓 114
駍 113

駔 198、218
駎 210
駚 183
駛 142
駉 76
駟 147
駃 188
駙 46
駒 77
駐 212
駝 157
駜 9
駊 118
駘 31、150
駑 109
駕 68
六畫
駬 39
駤 208
駰 188
駪 140、169
駩 130
駣 152
駱 96
駮 12
駭 55
駢 116
七畫
䮝 12
(騋) 147
(䮑) 95
駹 99
騁 20
駽 177
駼 156
騂 174
駾 157
駸 126
駶 77
騃 1、146
駿 81
八畫
騏 120
騋 89
騎 66、120
騑 42
騉 88
騍 84
騧 51
騅 214
騇 139
騊 152
騄 96
九畫
𩤉 62
騕 183
騠 80、153
騜 61
騩 53
颿 41
騨 62
騢 168
騤 87
騷 136
騺 208
騖 164
十畫
驁 3
驊 59
騵 195
𩥄 66
騬 20
𩤸 152
騮 95
騶 129、210、217
驏 202
驀 103
騰 152
騫 122
十一畫
驅 129
驃 116
驄 27
驂 14
驇 208
十二畫
驍 171
𩦢 169
驒 150、157
驕 70
驎 94
驈 194
驚 75
十三畫
驖 155
驛 187
驗 182
驌 148
驘 96
十四畫
驟 210、217
十六畫
驥 66
驢 96
驡 95
十七畫
驩 60
驤 170
十八畫
驨 167
十九畫
驪 91
二十畫
驫 10
骨部
骨 51
三畫
骭 48
五畫
骶 34
骳 101
骩 86
六畫
骴 27
骼 49
骹 124
骸 55
骿 116
七畫
骾 50
䯥 184
八畫
髁 84
髀 8
九畫
䯧 57
髅 37
(骼) 49
十畫
髆 12
髈 112
十一畫
髏 95
十二畫
髓 148
十三畫
體 153
髑 37
𩪠 52
十四畫
髖 86
髕 11
高部
高 49
髟部
髟 10
三畫
髡 88
髢 34
四畫
髤 175
髦 99
𩬆 73
(髣) 42
髨 32
五畫
髹 114
髮 41
(髯) 132
髴 46
(髴) 42
髲 8
髳 99
六畫
髻 67、72
髶 40、133
(髭) 216
(髹) 175
七畫
髾 138
髽 212
鬀 153
八畫
鬃 14
鬈 130
九畫
鬊 146
鬌 26
鬋 68
(鬆) 99

十畫
鬐 121
鬒 98
鬓 204
鬆 111
鬑 93
十二畫
鬝 122
鬙 87
鬚 176
十三畫
鬟 60
十四畫
鬛 89
鬢 11
十五畫
鬣 94
十七畫
鬤 132

鬥部

鬥 37
八畫
鬩 168
十五畫
(鬭) 37
十七畫
鬮 76

鬯部

鬯 18
十九畫
鬱 194

鬲部

鬲 49、92
七畫
鬴 46
九畫
鬷 217
十一畫
鬺 138
十二畫
鬸 200
鬵 127
鬻 178、210
(鬻) 194

鬼部

鬼 53
三畫
鬽 100
四畫
魂 62
魀 121
魁 87
五畫
魄 118、158
(魄) 112
魅 21、100
魃 4
八畫
魏 162
魊 194
魎 93、160
魍 160
魋 157
十畫
魑 20
十一畫
魖 176

魚部

魚 192
三畫
魡 36
四畫
魭 195
魳 7
魮 114
魦 137
魯 95
魶 105
魧 56
魴 42
五畫
魼 129
鮁 12
鮎 107
鮏 174
鮓 200
鮒 46
鮊 12
鮑 6
(鮌) 53
鮀 157
鮍 114
鮐 150
鮂 192
六畫
鮆 216
鯈 23、191
鮚 72
(鮔) 50
鮔 50
鮞 39
鮪 161
鮦 155
鮯 49
鮡 203
鮥 96
鮫 70
鮮 169
七畫
鮿 204
鯁 50
鯉 91
鮸 101
鯀 53
鮷 153
鯇 60
(鯽) 200
(鯊) 137
八畫
鯬 91
鯥 96
鯪 94
鯕 120
鯫 217
鯠 89
鯤 88
鯢 106
鯩 96
鯛 35
鯰 170
鯨 75
鯞 210
九畫
鰈 36
鰋 182
鯷 153
鰂 200
鰅 192
(鰅) 191
鰓 167
鰖 60
(鰍) 128
鰒 47
(鯾) 10
鯸 58
鰌 128
鯿 10
鰕 168
鱀 67
十畫
(鰲) 2
鰴 192
鰧 152
鰭 121
鰱 92
鰠 211
鰒 123
鰨 150
鰃 52
鰷 154
鰩 183
鰯 163
鰝 56
鰜 68、123
鰫 133
(鰫) 191
十一畫
鰸 129
鱄 157、212
(鱋) 129
鰻 98
鱅 191
鰼 167
鱉 11
十二畫
鱏 179
鱖 53
鱓 138
(鱓) 157
(鱔) 138
鱒 219
鱗 94
(鱘) 179
(鱍) 96
鱎 194
十三畫
鱯 59
鱷 69
(鱷) 75
鱦 141

鱢 136
鱧 91
鱮 177
鱣 201
鱐 148
十四畫
鱴 102
鱨 17
十五畫
鱛 100
十六畫
鱱 150
十九畫
鱺 91
二十二畫
(鱻) 169

鳥部

鳥 107
一畫
鳦 187
二畫
鳪 13
鳧 45
鳩 76、77、141
三畫
鳶 195
鳴 103
鳳 44
鳲 141
四畫
䳜 206
鴈 182
鴉 180
鴆 5、43
鴇 6
鴂 163
鴋 205
鳺 80
五畫
鴣 51
鴡 32
鴠 77
鴅 172
鴦 182、195
鴃 207
鴥 194
鴒 94
鴟 21
鴝 129
鴛 194
鴗 92
䳇 190
鴘 183
六畫
鴶 72
鴷 93
鴺 153
䳮 155
䳽 210
鴰 51
䳗 133
鵃 202、209
鴿 49
鵅 96
鵁 70
鴻 58
鴽 182
鴐 134
鴾 104
七畫
鵑 83
鵙 77
鵠 51、59
鵝 39
鵌 156
鵒 129、194
鵜 11
(鵜) 153
鵐 66
鵓 81
八畫
(鵡) 190
鶄 75、127
鶀 120
鵲 131
鵴 120
(鵾) 88
鶩 91
鶃 187
鵻 214
鵯 6
鵬 114
鵩 45
(䳓) 35
鶆 77
鶉 26
鶊 50
鵷 194
鶋 77
鶌 80、129
鶅 216
九畫
鶘 59、153
鶠 182
(鶪) 77
鶡 57
鶚 39
鶻 51
鶩 128
鶥 26
鶿 27
鶤 88
鶣 116
鶖 164
十畫
鷇 85
鶮 187
鶔 92
鷉 116、152
鶲 183、184
(鷄) 64
鶬 14
鶹 95
鷂 24
鶺 65
鷁 187
鷐 68
鶯 190
鶴 57
十一畫
鷔 208
鷙 120
鷒 157
鷗 110
鷖 185、187
鷞 145
鷟 215
鷩 9
鷚 95、103
十二畫
(鷰) 182
鷣 189
鷯 93
鷳 169
鷤 153
鷸 70
鷦 70
鷲 77
鷭 194
十三畫
鷺 96
鸀 60
鸐 211
鸒 193
鷽 178
鸏 100
(鸊) 116
鸇 201
鷹 190
鸄 187
鸃 185
鸉 148
鷿 116
十四畫
鸑 196
鸋 108
十五畫
鸓 91
十六畫
鸕 95
十七畫
鸛 52、60
鸍 148
鸚 190
十八畫
(鸜) 129
十九畫
鸝 91
鸞 96

鹵部

鹵 95
九畫
(鹹) 169
鹺 29
十三畫
鹽 181
鹼 69

鹿部

鹿 96
二畫
麁 28
麀 191
麃 66
三畫
麅 146
四畫
麌 183
麃 10
五畫
麇 80、131
麈 211
六畫
(麐) 66
麋 100
七畫
(麌) 193
麔 94
麏 80
八畫
麗 91、92、188
麒 120
麕 80
(麕) 131
麑 106
麐 2
(麐) 75
九畫
麛 67
麝 100
十畫
麝 139
十一畫
麞 202
十二畫
麟 94、120
十三畫
麠 75
二十二畫
麤 28

麥部

麥 98
三畫
麧 57
四畫
麩 45
麪 101
六畫
麫 104
八畫
麴 129
麼 217

麻部

麻 98
六畫
麾 101
十二畫
黁 99

黄部

黄 61

五畫
黇 154
黈 156
九畫
黊 156
十三畫
黌 58

黍部

黍 144
三畫
黎 107
黎 91
四畫
黏 107
五畫
黏 107

黑部

黑 57
四畫
默 103
黔 123
黕 32
五畫
黚 123
點 35
黜 31
黝 25
黕 192
(黛) 31
六畫
黠 169
黟 185

八畫
黨 32
黤 182
(黥) 127
(黦) 196
黧 91
九畫
黮 151
黫 180
黬 182
黭 182
黯 2
十畫
(黰) 204
黳 196
黱 31
十一畫
黶 185
黲 14
黴 100
十三畫
黵 32
十四畫
黶 182
十五畫
黷 37
十六畫
黸 95

黹部

黹 207
五畫
黻 45

七畫
黼 46

黽部

黽 101、102
四畫
(黿) 195
五畫
鼂 203
(鼂) 18
六畫
鼃 159
鼄 206、210
八畫
鼅 206
十畫
鼇 2
鼆 100
十一畫
鼈 9
(鼈) 11
十二畫
鼉 157

鼎部

鼎 36
二畫
鼏 101
鼐 105
三畫
鼒 215

鼓部

鼓 51

六畫
鼕 151
鼖 152
八畫
鼙 114
鼚 49
九畫
鼛 15、122
十一畫
(鼜) 151

鼠部

鼠 144
四畫
鼢 43
五畫
鼫 142
鼬 192
鼪 141
鼨 209
鼩 129
(鼦) 35
六畫
鼭 142
七畫
鼯 164
鼮 95
八畫
鼱 75
十畫
鼷 166
鼸 170

鼻部

鼻 7

二畫
鼽　129
三畫
鼾　55
五畫
鼩　58
六畫
⿰鼻圭　87
十畫
齅　175

齊部

齊　121、200
三畫
(齋)　200
五畫
齍　216
六畫
⿱亝衣　216
七畫
齎　64、216
九畫
齏　64

齒部

齒　21
一畫
(齓)　19
二畫
齔　19
三畫
(齕)　57
四畫
齗　189
齘　174
五畫
(齚)　199
齛　143
齝　20
齞　181
齟　78、200
齠　154
齡　94
六畫
齧　107
齜　216
齦　84、189
齩　183
⿰齒并　116
齤　130
七畫
齪　26
(齪)　163
齬　78、193
八畫
齭　24
齮　121、186
齯　106
齰　199
齱　217
九畫
齵　130
齴　182
齲　110、217
(齷)　163
十畫
齸　187
齺　217
齻　35

龍部

龍　95
六畫
⿰彳龍　95
龕　82
龔　50

龜部

龜　52、80、128

龠部

龠　196
五畫
龢　57
九畫
(龤)　173
十畫
⿰龠虒　21